Guia para Formação de Analistas de Processos

Gart Capote

2ª Edição

2015

Dados Internacionais de Catalogação na Publicação (CIP)

Câmara Brasileira do Livro, SP, Brasil.

       Guia para Formação de Analistas de Processos - BPM Volume I / Gart Capote de Britto. − 2ª ed. − Rio de Janeiro : Gart Capote, 2015.

       Bibliografia.
       ISBN-13: 978-1517253004
       ISBN-10: 1517253004
       1. Fluxo de Trabalho − Administração 2. Controle de Processos 3. Negócios − Planejamento 4. Organizações 5. Tecnologia de Informação I. Capote, Gart

CDD-658.4063

Índices para catálogo sistemático
1. BPM : Business Process Management : Administração de empresas 658.4063
2. Gerenciamento de Processos de Negócio : Administração de empresas 658.4063

Crowdsourcing para revisão do livro

Conforme realizamos desde 2012 (no livro "BPM para todos"), esta obra também teve a honra de contar com a participação voluntária de profissionais brasileiros que doaram tempo, conhecimento e carinho na realização de várias etapas de revisão de todo o conteúdo desde livro.

Caso você encontre outros pontos de melhoria, por favor, entre em contato que providenciaremos os ajustes necessários.

Muito obrigado mais uma vez por todo o apoio e incentivo recebidos. Sem vocês, esse trabalho não seria tão divertido e produtivo.

Gart Capote

Revisão Final

- Caue Siqueira
- Kallina Silva
- Quênia Baptista de Carvalho
- Samyra Salomão
- Slana Scudeler
- Walter Kock

Revisão Inicial

- Caue Siqueira
- Clairton Guielcer de For
- Felipe Luan Franco
- Glicia Kelly dos Santos
- Haylla Balzani
- Kallina Silva
- Marcia Cardozo dos Santos Bevilaqua
- Marcus Espoladore
- Quênia Baptista de Carvalho
- Rosane Ferreira
- Samyra Salomão
- Slana Scudeler
- Walter Kock

Índice

Agradecimentos

À minha adorada esposa e companheira, Erika, que acredita e me incentiva desde o nosso primeiro encontro. Com o nascimento do nosso tão querido filho, Pedro, você se superou mais uma vez.
Muito obrigado por me fazer tão feliz e completo.

Deixo também os meus agradecimentos à minha querida Mãe e meu amado Pai – sempre presentes e apoiadores.

"O caminho para a entrega das melhores experiências, chamado de Jornada do Cliente, precisa ser reconhecido como o processo mais importante em qualquer organização."

Gart Capote

Apresentação

Sou um profissional de tecnologia mas, ao mesmo tempo, estudioso e ligado à gestão por essência. Meu envolvimento com gerenciamento de processos de negócio começou há não muito tempo. Digo isso, pois, se considerar os diversos colegas de profissão que trabalham com processos desde a época de *O&M* (Organização e Métodos), realmente, dizer que sou consultor há pouco mais de uma década pode parecer pouco tempo em relação ao mercado. Adiante vou apresentar um pouco do meu histórico profissional, citando parte dos trabalhos realizados ainda no século XXI.

Devo começar dizendo que até o ano de 2002 já havia trabalhado no suporte aos diversos sistemas operacionais em Unix, já havia atuado como especialista em banco de dados, desenvolvimento de sistemas e, naquele ano, (2002) estava envolvido em um grande projeto de integração de sistemas corporativos – conhecido atualmente como EAI/ESB (*Enterprise Application Integration / Enterprise Service Bus*). Foi a partir desse ponto que tudo começou a mudar. Durante esse grande projeto de integração de sistemas corporativos (EAI/ESB), com o envolvimento dos mais modernos sistemas de planejamento de recursos (*Enterprise Rescource Planning* - ERP), sistemas de gerenciamento de relacionamento de clientes (*Customer Relationship Management* – CRM), e diversos outros sistemas e tecnologias legadas, nós tínhamos a necessidade de criar um ambiente único que garantisse toda essa comunicação heterogênea.

Com a visão de um grande arquiteto de soluções, o Sr. Lucio Mattos, a equipe começou a desenvolver um produto conceitualmente revolucionário para a época. Estava sendo criado ali não apenas mais uma solução pontual para um problema da organização, mas um produto que hoje é utilizado amplamente no mundo inteiro. Com a entrega desse projeto/produto, e em pouco tempo, novos desafios foram lançados para a equipe, até o ponto em que precisávamos representar os processos de negócio que eram altamente mutáveis, dentro da camada de integração de sistemas das organizações. Como premissa, tudo deveria ser muito aderente ao negócio, ter fácil manutenção, possuir uma modelagem visual, rápida configuração, e com uma gestão bastante simples, quase intuitiva.

Como fazer isso tudo sem criar novos sistemas?

Foi neste ponto que começou a aplicação dos conceitos de BPM (*Business Process Management*) e das tecnologias de desenho e execução de processos e, em 2003, nasceu essa relação que mantenho até hoje com tanta dedicação.

Antes da vinda ao Brasil do empreendedor e estudioso de métodos de simulação e modelagem de processos, o germânico Kurt Wiener, confesso que tratava o assunto gerenciamento de processos com uso de ferramentas de TI (Tecnologia da Informação) da mesma forma como compreendia as soluções de ERP.

Considerava apenas uma padronização e descrição comum de rotinas operacionais, e sua consequente execução sistêmica.

Nosso professor e guru à época, o Sr. Kurt Wiener, não compartilhava dessa visão e, no dia a dia, foi apresentando ao grupo os conhecimentos e habilidades necessárias para o gerenciamento de processos efetivo. No início, eu ainda considerava o gerenciamento de processos de negócio (BPM) apenas mais um conjunto monolítico disfarçado e bastante pesado de regras de negócio, processos operacionais e administrativos inseridos em uma grande ferramenta, e que toda mudança necessária seria tratada como uma longa e custosa jornada de customização.

Além de pouco atraente, também considerava a ideia como "mais do mesmo", apenas mais um acrônimo que duraria uns cinco anos. Modismo. TI por TI.

Felizmente, após muito estudo, dedicação, diversos projetos, muitos erros, e também, muitos acertos, descobri que estava completamente enganado!

Com o refinamento e a evolução dos conceitos absortos, além do estudo continuado desde então, fui constatando e vendo cada vez mais que BPM procura tratar da melhoria da capacidade competitiva da organização, e não da aplicação de novas tecnologias disponíveis para um melhor controle. Queira você ou não, os processos existem e precisam ser melhorados constantemente. Somente com o real entendimento, e com os devidos controles, poderemos ajudar uma organização a realizar sua missão com eficiência e eficácia. Mantendo esse intróito no século atual, posso dizer que, desde 2001, muitas ferramentas de execução de processos foram criadas, compradas, vendidas, evoluídas e descontinuadas.

Muitas notações já foram utilizadas para representar os processos e atividades, e muitas outras ainda serão criadas.

A cada semestre temos novas opções no campo da tecnologia de suporte à execução de processos de negócios, os chamados BPMS (*Business Process Management Suites/Systems*) mas, em 2008, um importante entendimento se estabeleceu nas terras brasileiras:

BPM trata e serve para melhorar a forma como os negócios das organizações são realizados e administrados.

Esse foi o ano em que tive a honra de contatar e conhecer a Associação de Profissionais de Gerenciamento de Processos de Negócio – *Association of Business Process Management Professionals* (ABPMP).

No ano de 2008, tive a felicidade de encontrar José Davi Furlan, Leandro Jesus, Mauricio Bitencourt e Sérgio Mylius, quatro novos companheiros dispostos a caminhar ao meu lado nessa longa jornada de divulgação de conhecimentos, formação, realização de estudos, contínuos trabalhos e, claro, reconhecimento do BPM como importante elemento da gestão moderna.

Assim, e ainda no ano de 2008, fundamos o Capítulo Brasileiro da ABPMP (www.abpmp.org), chamado ABPMP Brasil (www.abpmp-br.org).

Desde sua fundação sou um orgulhoso voluntário que, com muito empenho e perseverança, preside essa vitoriosa associação. Tenho tido contato com pessoas extraordinárias, e totalmente apaixonadas e dedicadas ao que fazem. Esse é o grupo fundador e gestor da ABPMP Brasil, e com o trabalho de todos os seus membros, hoje a ABPMP Brasil é reconhecida como o maior Capítulo de todos, além de ser referência internacional em atividade, resultados, qualidade e inovação.

A maior prova da mudança que a ABPMP Brasil trouxe para os profissionais de processos do nosso país é a adesão a sua certificação internacional profissional. Ainda em 2010, o comitê executivo da ABPMP Brasil fez a prova internacional de certificação, e após apuração de resultados e aprovação, recebemos os nossos títulos de CBPP® – *Certified Business Process Professional*.

Devidamente certificados, tornava-se realidade a nossa missão de trazer e implantar no Brasil um programa de certificação profissional acreditado internacionalmente e completamente independente de fabricantes de produtos ou outras organizações com fins lucrativos.

Em março de 2010, lançamos o programa de certificação CBPP no Brasil e desde 2013 somos o país com o maior número de profissionais certificados.

Essa é uma das grandes mudanças que a ABPMP Brasil também nos possibilitou tornar realidade. Estamos ajudando a mudar a cultura do país, que antes era tradicionalmente seguidor, para um país que começa a pensar e agir como líder e formador de opinião. E o mais gratificante: Essa é a visão que os chapters dos outros países têm sobre nós. Por esses e outros motivos, hoje tenho uma visão muito mais completa e holística do assunto.

Percebo sua utilização e seu impacto como um todo, não mais como um produto, uma iniciativa ou resposta isolada, nem mesmo como apenas um projeto. Hoje, entendo realmente como BPM pode ajudar a organização a vender e lançar mais produtos e serviços mais eficazes, como reduzir custos, aumentar o lucro, reduzir riscos, melhorar a qualidade, enfim, como ter mais sucesso.

Hoje, entendo cada vez mais como BPM pode mudar a realidade do Brasil em relação aos seus serviços públicos e sua administração como um todo.

Pode parecer paradoxo mas, acredite, muitos ainda entendem, vendem e realizam projetos de BPM como se fossem iniciativas isoladas de gestão departamental. Tenho encontrado algumas perniciosas simbioses entre a tecnologia moderna as ferramentas e os sistemas legados. Isso não é gerenciamento de processos de negócio (BPM), e ajudar a acabar com esse tipo de prática, é um dos principais motivos para escrever este livro.

Nesta obra pretendo mostrar ao leitor, que, se BPM não for utilizado para ajudar a prover o adequado relacionamento entre o cliente e a organização, melhorando assim sua vida, nenhum outro esforço organizacional em nome de "processos" faz sentido.

Para encerrar essa introdução, e explicar o motivo de escrever este livro, gostaria de resumir em dois pontos principais:

1. Até o momento, nenhum livro brasileiro tratou do assunto com esta abordagem;

2. Para criar um material de apoio aos treinamentos, que fosse conciso, mas suficientemente abrangente e livre de tecnicalidades.

Dessa forma, podemos definir o público-alvo deste livro como:

Qualquer pessoa que perceba a constante necessidade de melhoria nas organizações e enxergue, na regularidade perene de mudança, o único caminho para a sobrevivência corporativa.

Sendo assim, vamos tratar aqui desde os conceitos mais básicos de gerenciamento de processos até o cuidado no relacionamento humano, extremamente necessário para a obtenção do sucesso nas iniciativas de gerenciamento de processos de negócio. Vamos caminhar evolutivamente pelo conteúdo.

Se você é iniciante em BPM, ou não possui vivência ou conhecimento em um método de trabalho apurado, procure realizar a leitura respeitando a sequência dos capítulos e utilize o Método GEM – proposto ao final.

Uma vez todo o conteúdo lido, você poderá utilizar este livro como um guia de referência, selecionando o assunto e indo diretamente ao capítulo específico. Leia com bastante calma e atenção. Questione sempre!

Agradeço desde já pela honra de poder contribuir um pouco para a sua formação nesse tão abrangente e importante tema.

Boa leitura!

Gart Capote

Organização do Livro

Durante 2009 e 2010, e antes de começar a escrever este livro, eu me questionei por diversas vezes:

✓ O que posso adicionar à comunidade de profissionais de processos?

✓ O que o mercado Brasileiro, neste momento, mais está precisando?

Ao responder estas questões, nascia este livro:
"Guia para Formação de Analistas de Processos."
Com este título pretendo remeter o leitor aos elementos essenciais para a formação de analistas de processos, tratando dos conhecimentos, das atividades, das técnicas e das habilidades que este novo profissional precisará desenvolver.

Este foi o motivo pelo qual decidi escrever o material.
O objetivo é ajudar estudantes e profissionais a entender mais sobre o que é preciso fazer e conhecer para atuar profissionalmente como um analista de processos. Esta decisão também teve forte influência da grande dificuldade que encontramos diariamente ao buscar profissionais devidamente capacitados em Gerenciamento de Processos de Negócio (*Business Process Management*).
A missão deste livro pode ser definida como:

"Formar analistas de processos com os conhecimentos necessários sobre BPM, tornando-os aptos para realização das atividades relacionadas à profissão e com uso das técnicas e habilidades essenciais."

Para tentar realizar essa missão, estruturei o livro buscando alcançar a necessária completude, clareza, aplicabilidade e utilidade na informação aqui existente.
Antes de ser o autor deste material, sou um profissional de mercado e, assim, convivo diariamente com as dúvidas dos menos experientes, tanto durante os projetos de que participo, quanto nas aulas que ministro. Portanto, tornar este livro aplicável na prática é a maior evidência de sucesso da estrutura de trabalho aqui descrita.

Estrutura proposta

Veremos, a seguir, cada um dos elementos estruturantes do livro.

Figura 1 - Estrutura Conceitual do Livro

Uma ontologia, basicamente, e de acordo com o contexto deste livro, pode ser definida como uma estrutura formal que é responsável pela manutenção dos domínios de conhecimento, e por isso, responsável pela sua facilidade de entendimento, manutenção e referência.

Este é exatamente o propósito da estrutura apresentada na figura anterior e, para a melhor compreensão do livro pelo leitor, vamos analisar cada um dos elementos utilizados.

Além das áreas de conhecimento citadas a seguir, ao final do livro descrevo uma metodologia completa abrangendo todas as fases do ciclo de vida de BPM.

Elementos estruturais

1. **Áreas de Conhecimento**

   Assim como qualquer corpo de conhecimentos comuns, a estrutura aqui utilizada também se baseia no entendimento e no agrupamento de áreas de conhecimento. Neste livro, estou adotando a definição das nove áreas de conhecimento descritas no BPM CBOK v3.0 da ABPMP Internacional. Porém, como o objetivo do livro é apoiar o leitor na sua capacitação como analista de processos, detalharei as áreas de conhecimento com maior demanda, afinidade e necessidade imediata para a atuação profissional – sendo:

   o **Gerenciamento de Processos de Negócio**
       Conceitos Fundamentais e Alinhamento Estratégico.

   o **Modelagem de Processos de Negócio**
       Propositalmente tratando em maior detalhe apenas a notação BPMN e com referência ao uso de ferramentas.

   o **Análise de Processos**
       Com referência ao uso de ferramentas de BPMS em suas atividades.

   o **Desenho de Processos**
       Com referência ao uso de ferramentas de BPMS em suas atividades.

   o **Tecnologias de Apoio**
       Com apresentação da arquitetura interna das ferramentas e suas capacidades.

2. Atividades

Atividades podem ser subdivididas em tarefas menores e, dependendo do seu contexto, também podem ser agrupadas e formar processos ou subprocessos maiores. O seu objetivo principal é descrever como a área de conhecimento é operacionalizada, ou realizada na prática.

Com esse conceito em mente, considere também que cada atividade pode se valer de diversas técnicas e habilidades para a sua realização e, ainda, uma mesma atividade pode também ser necessária, ou realizada, em outras áreas de conhecimento.

3. Técnicas

As técnicas descrevem como as atividades podem ser realizadas. Uma técnica pode descrever procedimentos, passos, modelos e outros recursos utilizados para a realização de determinada atividade.

Apresentarei aqui algumas das técnicas mais comumente utilizadas no mercado. Tratarei também das técnicas mais aplicáveis no dia a dia de projetos e das atividades corporativas.

Cada técnica está subdividida conceitualmente e intrinsecamente entre **Geral** ou **Específica**.

1.1. Técnicas Gerais

Podem ser consideradas as técnicas de uso e adoção mais comum pelos praticantes.

1.2. Técnicas Específicas

Podem ser consideradas as técnicas de menor adoção geral ou, mais ainda, são as técnicas mais elaboradas conforme a especificidade da sua atividade diretamente relacionada.

4. Habilidades

As habilidades procuram descrever as capacidades adquiridas ou aprendidas e necessárias ao profissional. A realização de atividades, além de requerer técnicas e conhecimentos, demanda também habilidades específicas.

Conceitualmente as habilidades foram agrupadas entre **Básicas** e **Intelectuais**.

1.1. Habilidades Básicas

Podemos dizer que são habilidades elementares para a realização das atividades relacionadas à área de conhecimento, como uso de sistemas da informação.

1.2. Habilidades Intelectuais

Podemos dizer que são habilidades cognitivas e que são trabalhadas pelo profissional, tais como pensamento crítico, capacidade de planejamento, organização e, até mesmo, aprendizado e colaboração.

Sendo assim, e para encerrar a parte de esclarecimento sobre a estrutura deste livro, é importante salientar que:

* Métodos são procedimentos específicos para determinados fins. Não é o objetivo apresentar um método definitivo, mas ao menos um ponto de partida consolidado pelos diversos projetos já realizados.
* O leitor, com a compreensão dos conhecimentos, atividades, técnicas e habilidades apresentadas neste livro, deve se sentir capaz de iniciar a sua prática com base metodológica – sabendo desde já que este é um trabalho de constante refinamento de conhecimentos e amadurecimento de conceitos e práticas.

Gostaria de evidenciar que, assim como todo trabalho de gerenciamento de processos de negócio, tenho plena certeza de que este livro já nasce com a necessidade de melhoria e evolução. Assim sendo, o trabalho de criação de volumes complementares e melhorias teve início concomitantemente a sua concepção. Esse é o ciclo evolutivo natural.

Prefácio da Segunda Edição

Poderia dizer que foi devido ao grande sucesso do livro, que é pela idade da obra, que foi devido aos pedidos dos leitores, mas não foi somente por esses fatos. Foi por tudo isso e muito mais.

A segunda edição do Guia para Formação de Analistas de Processos (GFAP) também nasceu do resultado do trabalho no Curso de Formação de Analistas de Processos. Desde 2011, o GFAP é material didático de todas as turmas do CFAP para mais de 2000 alunos no Brasil.

Além do CFAP, o BPM CBOK v3.0 (2014) também teve forte influência. Quando escrevi a primeira edição do GFAP, estávamos na versão 2 do BPM CBOK. Na época, ao escrever o GFAP, busquei cobrir algumas lacunas, complementar temas e propor um método de trabalho inicial e generalista. Com a versão 3 do CBOK, lacunas foram cobertas, outras surgiram, temas e conceitos evoluíram, princípios se integraram e outros ganharam destaque. Sendo assim, estava na hora de atualizar o conteúdo do GFAP e promover o constante alinhamento com o conjunto de conhecimentos comuns de BPM, bem como representar claramente algumas evoluções e atualizar o método inicial.

O lançamento da 2ª edição deste livro é outro passo importante na formação dos profissionais de processos e, mais ainda, é a ratificação de que nosso caminho profissional em BPM é longo e dinâmico, mas que também estamos juntos. Nossa jornada é sempre mais viva, rica e interessante, quando compartilhamos conhecimentos e experiências.

É com esse objetivo que trabalhei na segunda edição. Atualizar o conteúdo (teoria) para representar o que temos de mais atual em BPM, bem como trazer melhorias no nosso método de trabalho (prática).

Desejo que os mesmos sentimentos de evolução e compromisso, vividos ao trabalhar neste livro, também se façam presentes na mente e no coração dos leitores desta obra. Obrigado e boa leitura.

Gart Capote

Atualização de Conceitos, Definições e Melhorias

- Conceitos fundamentais
- Processos
- Atividades
- Processo de Negócio
- Gerenciamento de Processos de Negócio
- Indicadores de Resultado e Desempenho
- Regras de Negócio

Conteúdo Adicional

- Recursos Humanos x Capital Humano (45)
- Instância de Processo e Temporalidade (51)
- Procedimento (77)
- Gerente de Processos (105)
- Analista de Negócio & Analista de Processos (107)
- Relevância entre Processos e a Jornada do Cliente (183)
- Decision Model and Notation (217)
- Avaliação de Maturidade (240)
- Manutenção do Conhecimento (249)
- Redefinição Cognitiva (315)

- Melhorias no Método de BPM (Método GEM)
  - Avaliação de Maturidade
  - Manutenção do Conhecimento
  - Estrutura Organizacional
  - Notação para Modelagem de Processos
  - Medição de Valor de Processos
  - Definição de Indicadores
  - Avaliação de Impacto
  - Ciclo de Vida para BPM

Capítulo 1

Introdução ao
Gerenciamento de Processos de Negócio

"Existimos e competimos no século XXI, mas continuamos utilizando práticas de gestão do século XX."
Gary Hamel

Começaremos a falar sobre gerenciamento de processos de negócio, citando um trecho do código de ética dos profissionais de BPM associados à ABPMP Mundial, e que em uma tradução livre seria:

"Se um projeto de gerenciamento de processos de negócio (BPM) não puder demonstrar que adicionará valor ao negócio, ele não deveria ser realizado."

Antes de tratarmos de qualquer outro conceito de BPM, é essencial fixarmos o conceito de adição de valor. Uma forma bastante simples, e suficiente para atender ao objetivo do conceito no livro, é perguntar:

Antes de analisar os processos, quais são os objetivos declarados pela organização?

A iniciativa de BPM adicionará valor ao produto, serviço ou relacionamento com os Clientes?

Se você tiver dificuldades para responder a essas perguntas, está na hora de, ao menos, avaliar melhor a real necessidade da iniciativa, buscar ajuda especializada, tentar descobrir se esse é o momento certo e mais viável para a realização desse tipo de iniciativa.

O conceito de adição de valor é bastante extenso e, por isso mesmo, descrito em diversos livros sobre gestão de negócios, estratégias e inovação mas, para os fins deste livro, tente entender que, se você despende esforço e consome recursos da organização para a realização de alguma atividade, essa atividade deve adicionar algo positivo e favoravelmente perceptível pelos clientes no momento de uso do seu produto ou serviço.
Se a atividade não colabora com a percepção de melhoria por parte do cliente, ou em outras palavras, não ajuda na satisfação do cliente, provavelmente, esta é uma atividade que não agrega ou adiciona valor suficiente ao negócio.

Além de agregar valor, outro conceito bastante interessante, porém muito menos trivial em sua aplicação, é a "inovação de valor", amplamente apresentado por Prahalad e Mauborgne no livro *"Blue Ocean Strategy"*, ou Estratégia do Oceano Azul.

Uma das principais diferenças entre adicionar valor e, inovar com valor, é o produto do trabalho. Para simplificar, veja a diferença a seguir.

Adição de Valor
Você pode adicionar valor a algo que já existe. Pode adicionar valor a um produto ou serviço já conhecido e utilizado no mercado. Ao adicionar valor, você estará ajudando na melhoria do resultado final desse produto ou serviço, mas ainda estará preso a um importante limitante:
O mercado é cada vez mais disputado e, consequentemente, em constante redução de tamanho da participação das organizações – conhecido também como *Market Share*.
Ao adicionar valor, basicamente, estamos melhorando produtos/serviços que concorrentes também ofertam.

Inovação de Valor
Quando você busca inovar com valor, a sua busca deve visar à criação de novas oportunidades de negócio, expansão e criação de mercado, e criação de novos produtos e serviços. Na inovação de valor, não basta melhorar o que já existe. É preciso criar algo que tenha valor real percebido pelos clientes, e que, ao mesmo tempo, os seus concorrentes não tenham realizado.

Simples? Nem um pouco. Por isso mesmo existem técnicas e ferramentas de análise e avaliação de mercado, fronteiras, negócios, capacidade competitiva, matriz de valores etc.

O grande ponto em comum, tanto para a organização que busca melhorar algo que já existe (adicionando valor), quanto para a organização que busca criar algo novo e de grande valor para o cliente (inovando com valor), é que tudo isso só é possível de se alcançar, e sustentar, por meio do entendimento de COMO as coisas acontecem, e isso nos leva – obrigatoriamente – a necessidade invariável de entendimento de PROCESSOS.

BPM, ou gerenciamento de processos de negócio, trata da gestão das organizações, e para isso, assim como qualquer prática moderna de gestão, se vale das mais diversas tecnologias disponíveis.

Sendo assim, vamos analisar BPM, e antes de olharmos detalhadamente o conceito maior, vamos ver alguns fatos importantes sobre o motivo pelo qual devemos gerenciar processos de negócio.

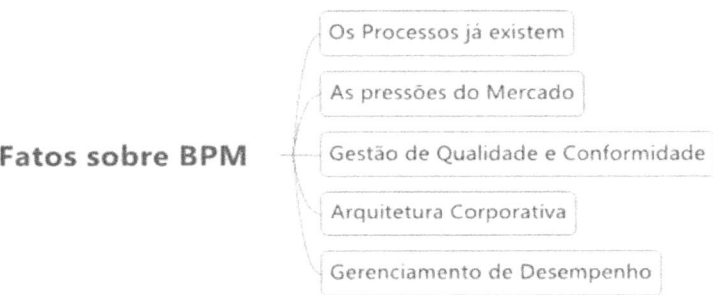

1. Os Processos já existem

Eles só precisam ser entendidos, avaliados, melhorados e gerenciados.

Se você já esperou em alguma fila para atendimento, já percebeu e vivenciou esta necessidade.

Quantas vezes nos perguntamos por que algo é feito de determinada forma? Você já parou para se questionar por que o cliente que compra menos da organização é o mais beneficiado?

Na sua próxima ida ao mercado, repare na quantidade de caixas exclusivamente dedicados a atender somente filas "expressas" – caixas dedicados para clientes que compraram somente 10 ou 15 itens.

Qual a verdadeira lógica disso? Essa é a personificação da economia de escala, uma tentativa de redução do custo da hora trabalhada, ou apenas um ótimo conceito que está sendo aplicado da pior forma possível?

A loja não deveria incentivar e atender cada vez melhor os clientes que compram mais produtos?

Esse é um breve e simples exemplo, mas que nos permite imediatamente perceber um ponto de análise em um processo vigente, estabelecido e, provavelmente, praticado por quase todas as organizações da indústria de vendas em varejo (mercados).

Seria essa a melhor forma de entregar um atendimento preferencial?

2. As pressões do Mercado

Mais rápido! Melhor! Mais barato!

Sua organização é líder? Deseja continuar?

Esse é um fato inquestionável e um verdadeiro consenso mundial. Qual organização, independente de setor, não está sujeita às pressões do mercado e da competição internacional – cada vez maior e mais presente? A organização pode vender seus produtos para algumas regiões e estados do país, mas, hoje em dia, ela pode estar disputando clientes diretamente com organizações da China, Índia, Singapura etc.

Cada vez mais as organizações precisam controlar muito bem os seus processos produtivos e administrativos, afinal, se não houver eficiência e eficácia aplicada, pode se tornar inviável a permanência em um mercado onde o custo da mão de obra dos seus concorrentes chega a ser um décimo da nossa realidade nacional. Preocupante, não?

3. Gestão de Qualidade e Conformidade

ISO, CMMI, MPS.BR, SIX SIGMA, SOX, ITIL.

A gestão da qualidade, e a obtenção de certificados de conformidade, são alguns dos maiores fatores motivadores das iniciativas de gerenciamento de processos. Com relevante representação nas indústrias e nas grandes organizações, a necessidade de garantia da qualidade produtiva é, sem dúvida, um aliado bastante eficaz nos projetos de gerenciamento de processos de negócio. As certificações buscam garantir que as atividades necessárias serão de conhecimento de todos no processo, mas não conseguem garantir que as mesmas estejam sendo realmente executadas da melhor forma.

Para garantir que os processos definidos e avaliados sejam realizados da forma como estão descritos, precisamos levar em conta diversos fatores, e se utilizar de técnicas e tecnologias disponíveis. Veremos mais adiante no livro como aplicar os conhecimentos de BPM a favor da gestão da qualidade e garantia de níveis de conformidade.

4. Arquitetura Corporativa

Ao menos nos últimos 10 anos, BPM vem sendo divulgado e trabalhado por fabricantes de produtos e softwares de modelagem, simulação, execução e controle de processos (hoje chamados de BPMS). Esse vínculo legado acabou por gerar certa confusão de conceitos, e no uso equivocado do termo BPM, mas, felizmente, isso vem mudando.

Com o trabalho de diversos profissionais, escritores, e associações – como a associação de profissionais de gerenciamento de processos de negócio, a ABPMP – esse tipo de confusão conceitual vem sendo eliminada com alguma rapidez.

No Brasil, e aproximadamente até 2006, falar sobre BPM era praticamente a mesma coisa que falar sobre ferramentas de software. Hoje a comunidade profissional entende claramente que BPM trata de gestão de organizações e, como qualquer outra atividade moderna, utiliza a tecnologia disponível para a sua melhor realização.

Essa inicial apropriação do termo BPM pela área de tecnologia, ainda que involuntária, acabou produzindo grandes demandas de desenvolvimento de soluções e projetos de modelagem de processos, sendo que a sua maior parte eclodiu da crescente necessidade de integrações de sistemas legados nas grandes e médias organizações. Hoje, a realidade é outra. A área de TI não considera BPM como uma ferramenta ágil para desenvolvimento de software e integração de sistemas via *webservices*.

A grande liberdade e necessidade de compra e desenvolvimento de software nas organizações nos últimos 20 anos, geraram um grande número de sistemas, bancos de dados e aplicações legadas, e que são mantidas até hoje, gerando constante manutenção corretiva e evolutiva.

A arquitetura corporativa busca alcançar uma visão maior da organização, definindo melhor as camadas de negócio e incluindo suas tecnologias viabilizadoras e estruturantes. Veremos mais detalhes sobre arquitetura corporativa, a tecnologia da informação atual e a utilização e a adoção de BPM mais adiante no livro.

5. Gerenciamento de Desempenho

Relatórios de *Business Intelligence* (BI), custeio baseado em atividades, apuração de resultados por período, avaliação de produtividade, cálculo de retorno de investimento e propriedade etc.

Quantas vezes por ano uma organização despende grandes esforços e recursos na realização de algumas das atividades acima?
Podemos dizer que essas atividades tem um fim, ou serão constantemente realizadas?

Uma organização precisa se dedicar com muito afinco à gestão e à monitoria de seu desempenho, mas não basta avaliar os resultados do mês, do bimestre ou do trimestre passado, isso, há algum tempo, já não é mais suficiente.

No mercado moderno, as organizações precisam buscar trabalhar com grandes volumes de dados quase que em "tempo real" de realização. Mais que isso, é cada vez mais preponderante ter a capacidade de transformar dados em informação relevante para a tomada de decisão.

Os resultados precisam ser medidos no momento em que acontecem, não basta apenas realizar uma avaliação futura sobre dados históricos.

Sendo assim, podemos dizer que é preciso alcançar certo nível de predição. Tentamos alcançar tal predição com forte apoio na monitoria das atividades de um processo em execução com o cruzamento dos dados históricos do processo. Esse também é um dos ganhos de BPM, principalmente quando sua realização é apoiada pelas novas tecnologias de monitoria ativa de atividades de processo (*Business Activity Monitoring* – BAM).

Motivadores Clássicos:

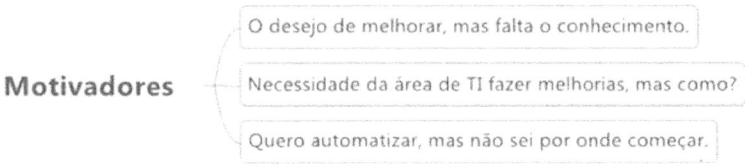

Motivadores — O desejo de melhorar, mas falta o conhecimento.

Necessidade da área de TI fazer melhorias, mas como?

Quero automatizar, mas não sei por onde começar.

1. O desejo de melhorar, mas falta o conhecimento.

Os processos estão escondidos nas atividades diárias dos colaboradores e da própria gestão. Praticamente todos os dias algum contorno é criado para que um pedido seja atendido, um relatório seja criado, um produto seja lançado etc. Esse tipo de contorno, também conhecido popularmente como "jeitinho", é feito em todos os níveis da organização, e para resolver praticamente todos os tipos de imprevistos. Além de tudo isso, a gerência luta diariamente contra a inconsistência nas informações recebidas.

Toda vez que é preciso gerar um relatório, uma correria é juntamente iniciada, culminando em algumas viradas de noite no trabalho, e um consequente sentimento de herói incompreendido por parte dos colaboradores. Afinal, se não fosse o esforço de um grupo ou recurso, o relatório não teria ficado pronto. Parece familiar?

E o que dizer sobre a qualidade desses dados?

Sempre que um colaborador desenvolve uma solução alternativa, e resolve um problema da organização, ele acaba por eliminar mais um possível ponto de controle, conhecimento, ou até mesmo de uma possível melhoria. Neste momento é criado um elemento externo, ou adicional ao processo e que, muito provavelmente, não será documentado, discutido, ou aprovado.

Esse contorno passará a residir nas atribuições veladas do colaborador e, no caso de sua saída, com ele será levado o conhecimento, ficando mais uma vez a organização sem a atualização da sua base de conhecimento corporativo.

Quanto ao conhecimento corporativo, podemos definir como um conjunto elementar e essencial de:

a) Processos (Primários, de Suporte e de Gestão)
b) Regras de negócio e condições
c) Bases de informação
d) Demais recursos – humanos e sistêmicos

2. Necessidade da área de TI fazer melhorias, mas como?

Essa é uma situação que não agrada nem um pouco às áreas de negócio da organização. É uma eterna luta entre áreas que acaba na constante demanda de desenvolvimento de melhorias de software que, em sua grande parte, é entregue fora do prazo necessário para o negócio. É importante lembrar que tudo demanda um tempo e uma forma de ser feito e, principalmente, é preciso ter a consciência de que o modelo atualmente utilizado não está funcionando. Normalmente, encontramos o seguinte cenário:

A área de tecnologia, após breve contato com a demanda, começa com a descrição técnica dos requisitos, faz o desenho da solução, entra em fase de desenvolvimento, realiza os testes isolados, realiza os testes integrados e, quando está pronta para entregar a solução para a área de negócio, e possivelmente entrar em homologação, ou está "faltando" alguma característica no projeto da solução, ou já não adianta mais. O tempo de entrega da solução não correspondeu ao *time to market* necessário, e o concorrente, mais uma vez, saiu na frente...

Qual a interação entre os sistemas, ou das suas constantes melhorias, com relação às outras áreas de negócio?

Sabemos que as organizações vêm desenvolvendo, mantendo e modernizando suas soluções tecnológicas constantemente.

Quando realizamos uma mudança em determinado sistema, teria algum efeito não desejado no uso de outros?

Quais sistemas e dados são realmente necessários ao bom andamento dos processos?

Uma visão dos processos de negócios é uma ótima forma de se evidenciar todos os sistemas envolvidos, os dados trafegados e, principalmente, em que ponto e de que forma eles se fazem realmente necessários.

Com essa visão, poderemos decidir se devemos, e como podemos, compor e reutilizar aplicações e sistemas, como manter a integridade e consistências dos dados e, quiçá, criar os tão desejados serviços a partir dessa visão.

3. Quero automatizar, mas não sei por onde começar.
Esse é um fato importantíssimo e que deve ser tratado como tal.
Por inúmeras vezes fui solicitado para fazer "apenas algumas automatizações no processo".

Como profissionais responsáveis que somos, não podemos permitir que esse tipo de leviandade continue acontecendo.

Em uma iniciativa de BPM estamos falando e tratando dos processos de negócio da organização.

Estamos trabalhando preocupados em como, em que sequência, sob quais regras e porque determinadas atividades serão realizadas. Não estamos vendendo ou desenvolvendo um produto que pode ser substituído a qualquer momento. Estamos lidando com o DNA da organização.

Sem fazer um levantamento da situação atual, sem realmente entender, sem mapear, sem modelar, propor melhorias, simular e então aprovar o novo processo junto a quem entende do negócio, como saberemos se não estamos automatizando algo ruim, pernicioso ao negócio, e talvez, dando maior velocidade ao problema?

Vamos realizar o pior processo de forma mais rápida?
Agindo dessa forma, qual o resultado que realmente podemos projetar?

Automatizar atividades do negócio sem uma boa análise, é o mesmo que praticar automedicação. É diagnosticar doenças sem examinar o paciente e, pior ainda, propor tratamentos.

Qual o risco envolvido?

É preciso reconhecer que – nenhuma organização – conhece cem por cento os seus processos, e é imaturidade profissional assumir riscos desnecessários propondo pseudomelhorias, sem que se tenha uma base mínima de conhecimentos sobre o negócio, seus objetivos, processos, pessoas, dados, metas e tecnologias envolvidas.

Se você faz parte de pequenas e médias organizações, não acredite que somente a realidade dessas organizações é permeada de dúvidas diárias quanto a que rumo tomar. Isso é um problema comum a organizações de todos os portes e nichos.

É importante salientar e evidenciar aqui o quão comum é encontrar em grandes organizações, muito mais avançadas na gestão de seus processos, e nos investimentos tecnológicos, certas questões que também são pertinentes ao gerenciamento de processos entre os seus fornecedores, clientes e concorrentes – independentemente do porte. Alguns exemplos de questões bastante recorrentes nas organizações:

✓ Qual o impacto nos custos quando precisamos aumentar a produtividade?

✓ Qual o impacto da ociosidade no custo do produto final?

✓ Como ter agilidade e ainda integrar os sistemas, o negócio e as pessoas?

BPM e o Impacto Direto no Negócio

Se você perguntar qual o impacto positivo de se aplicar as práticas e tecnologias de apoio ao gerenciamento de processos de negócio nas organizações, minimamente, teremos os seguintes pontos de melhoria – já evidenciados e comprovados pelo mercado (nacional e internacional).

Impacto no Negócio

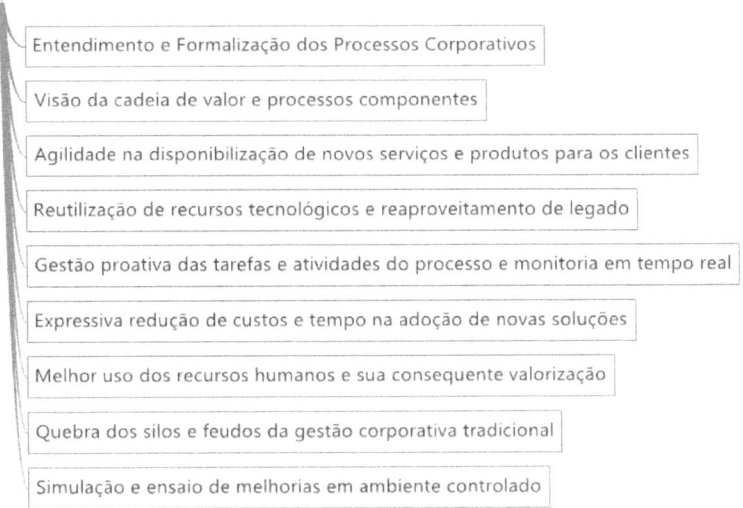

Entendimento e Formalização dos Processos Corporativos

Visão da cadeia de valor e processos componentes

Agilidade na disponibilização de novos serviços e produtos para os clientes

Reutilização de recursos tecnológicos e reaproveitamento de legado

Gestão proativa das tarefas e atividades do processo e monitoria em tempo real

Expressiva redução de custos e tempo na adoção de novas soluções

Melhor uso dos recursos humanos e sua consequente valorização

Quebra dos silos e feudos da gestão corporativa tradicional

Simulação e ensaio de melhorias em ambiente controlado

1. Entendimento e Formalização dos Processos Corporativos

Qualquer iniciativa de gerenciamento de processos de negócio deve começar com uma análise da situação atual da organização, seus objetivos, processos, pessoas e tecnologias envolvidas. Esse tipo de descoberta leva ao real entendimento do negócio, e com um consequente trabalho de mapeamento e modelagem, teremos a formalização dos processos corporativos.

Ao criarmos esse mapa *estratégico-processo-operacional*, estamos criando conhecimento. Conhecimento este que deverá ser utilizado na avaliação, simulação e proposição de melhorias futuras ao negócio. Somente este ponto já pode ser considerado um ganho extraordinário para as organizações.

É algo equivalente ao direcionamento estratégico do negócio e a sua tradução em um plano de negócio bem elaborado, claramente descrito, com objetivos e metas bem definidas, e passos evidenciando a sua realização.

Ainda não temos esse nível de reconhecimento em uníssono, mas é uma questão de tempo para que o mercado – principalmente nacional – reconheça o valor e a importância de um bom levantamento de processos para o futuro do negócio e, obviamente, a melhoria da sua capacidade competitiva.

2. Visão da cadeia de valor e processos componentes

Muito se propagou e trabalhou nas últimas décadas para a absorção organizacional do conceito de cadeia de valor. Hoje, ouvimos em todos os lugares as pessoas utilizando frases com "adicionar valor" em seu conteúdo. Virou um jargão. Mas o que realmente quer dizer adicionar valor em relação à cadeia de valor das organizações?

Michael Porter descreve, em seu livro de 1985: *Vantagem Competitiva: Criando e Mantendo Desempenho Superior,* que cadeia de valor é um conceito de gestão de negócio onde analisamos o conjunto de atividades inter-relacionadas que adicionam valor ao produto ao longo de sua criação.
Essas atividades encadeadas adicionam mais valor ao produto que a soma do valor de cada atividade individual. Considere o exemplo da lapidação de diamantes.

A atividade de lapidar um diamante bruto possui um custo relativamente baixo, e o produto produzido – o diamante lapidado – possui um valor bastante alto.

Não é possível ter uma percepção suficientemente acurada da cadeia de valor de uma organização sem que seja feito um esforço de levantamento, análise e modelagem dos seus processos.
Sem ter a visão da cadeia de valor, não é possível avaliar quanto valor cada atividade do processo adiciona e, principalmente, se realmente adiciona algum valor.

Se uma organização pretende gerenciar efetivamente seus recursos, medir seu custo, compor seus preços, e buscar resultados mensuráveis e factíveis, é imperativo o entendimento, a visualização, a análise e controle da sua cadeia de valor.
Sem isso, toda iniciativa para alcançar esses resultados será, quer você queira ou não, baseada em informações ultrapassadas, opiniões, vontades, desejos, necessidades e pressões.

Esse é o cenário da organização sem uma completa visão e gestão de seus processos de negócio.
Criar um entendimento sobre a arquitetura organizacional, sua cadeia de valor, os processos que nela estão contidos, os recursos envolvidos e sua capacidade real. Esses são alguns dos impactos positivos da adoção de BPM.

3. Agilidade na disponibilização de novos serviços e produtos para os clientes

- Por quanto tempo uma organização poderá ficar sem aplicar os conceitos, técnicas e tecnologias relacionadas ao BPM?

Acredito que a resposta com maior capacidade de acerto seria:
- Até quando o mercado permitir!

Imagine a seguinte situação:
Por quanto tempo um estudante poderá ficar sem conhecer o mínimo do uso de computadores e aplicativos de escritório (planilhas, editores de texto etc)?

Se ele não aderir rapidamente a essa realidade, seus colegas terão acesso às vagas e oportunidades que ele já não mais será apto a disputar. Conhecer e usar computadores e aplicativos de escritório não é garantia de emprego ou qualquer forma de destaque atualmente, mas uma coisa é certa: não saber é uma inabilidade fatal.

O mesmo ocorre com as organizações atuais e as novas práticas, técnicas e tecnologias de apoio à gestão. Com BPM não é, e não será diferente.

As organizações que demorarem a aderir, irão se tornar cada vez mais lentas nas respostas e ofertas ao mercado.

Considerando a pressão da concorrência e da própria sociedade moderna, em questão de pouco tempo as organizações alheias a essa mudança de paradigma terão a sua capacidade competitiva drasticamente reduzida.

Portanto, a agilidade na disponibilização de novos serviços e produtos para o mercado já está diretamente relacionada à capacidade de gerenciamento dos processos de negócio das organizações.

O uso do BPM, e das tecnologias de apoio, tem esse impacto positivo e vertiginoso na oferta de melhores serviços e produtos das organizações. Além da capacidade de inovar, da qualidade dos produtos e serviços, bem como da absorção do mercado, a agilidade no atendimento às demandas é um importante diferencial competitivo moderno.

4. Reutilização de recursos tecnológicos e reaproveitamento de legado

Não menos importante que a aquisição de novos recursos tecnológicos é a reutilização da tecnologia legada existente.

As organizações sabem que, toda nova iniciativa – naturalmente - vem atrelada a novas tecnologias disponíveis e novos custos. Isso não deve ser considerado como um ponto negativo, mas sim uma constatação da capacidade de inovação e da constante evolução que vivemos nas últimas décadas.

Desde a invenção do computador pessoal muito mudou, e com o nível mundial de automação e interação, as mudanças ocorrerão com intervalos cada vez menores. Sabemos que nem tudo que é novo é essencial, mas não podemos dar as costas às possibilidades e alternativas que andam juntas com essas novas ofertas.

Levando isso em consideração, podemos constatar que o atual legado tecnológico da organização um dia já foi novidade, e assim como toda novidade, teve um alto investimento necessário para sua aquisição, utilização e aprendizado.

Devemos nos desfazer deste capital legado?
Os sistemas são tão obsoletos que são incapazes de atender as demandas do negócio?
A troca total da tecnologia utilizada é realmente necessária e viável?
Não podemos reaproveitar esse conjunto de tecnologias e soluções?
Essas perguntas, certamente, vão encontrar uma resposta mais facilmente se houver o gerenciamento dos processos de negócio aplicado.
Com o uso das tecnologias de apoio ao BPM (BPMS, ESB etc), a reutilização dos sistemas, bases de dados e tecnologias legadas em geral se tornou quase uma questão de opção.
Atualmente, é muito mais simples criar conexões entre sistemas modernos e sistemas legados. Quase tudo é feito com o uso de adaptadores tecnológicos pré-fabricados e disponíveis para compra mundialmente.

Essa vantagem também é uma característica da gestão moderna com uso de BPM e as novas tecnologias como BPMS.

5. Gestão proativa das tarefas e atividades do processo e monitoria em tempo real

Uma das grandes promessas do gerenciamento de processos moderno, e com uso das tecnologias disponíveis, é a capacidade de acompanhar o resultado da realização das atividades do processo – durante a sua execução. Essa capacidade está diretamente atrelada à utilização de soluções tecnológicas de apoio ao BPM, conhecidas como BPMS (*Business Process Management Suite/Systems*).

Mas qual é o impacto, direto e positivo, dessa capacidade nos negócios e nos processos organizacionais?
Gestão Proativa é a resposta.

Podemos definir uma gestão como sendo proativa quando os elementos direcionadores definidos, e seus recursos aplicados, permitem a coleta, a análise e uma rápida tomada de decisão, com base em dados reais extraídos durante a execução do processo e suas atividades, bem como a aplicação e monitoria constante de indicadores de desempenho e resultados disponíveis.

Esse conjunto de condições possibilita a criação de algo equivalente a uma torre de controle de processos. Com a automação das atividades do processo, e a aplicação de uma camada de monitoria de atividades de negócio (BAM – *Business Activity Monitoring*), a organização adquire a capacidade de observar como as atividades estão sendo realizadas, se estão atendendo às regras e condições descritas e aplicadas e, principalmente, passam a contar com uma importantíssima capacidade de análise de desempenho operacional.

Essa mesma capacidade permite ao gestor a coleta de informações cruciais para o negócio e o seu direcionamento estratégico-operacional. É praticamente escolher entre:

a) Se anteceder ou perceber o problema e atuar diretamente na redução de seu impacto.

ou

b) Tardiamente ser avisado, ou descobrir, que o problema ocorreu e então calcular o prejuízo.

A gestão proativa permite a tomada de decisão com base na observação de resultados, que são traduzidos em tendências, e permitem a tomada de decisão antecipadamente à ocorrência real de um resultado indesejado.

6. Expressiva redução de custos e tempo na adoção de novas soluções

Considerando que o gerenciamento dos processos de negócio da organização pode se valer das tecnologias de automação de atividades, integração de sistemas e dados, e da execução dos seus processos de negócio, podemos atribuir uma considerável redução de custos e tempo na adoção de novas tecnologias e soluções corporativas. Mas, como isso acontece?

De uma forma bem simples e prática, podemos resumir da seguinte forma:
Quando se desenvolve software para criar aplicações e sistemas, está se buscando resolver, com o uso da tecnologia, alguns problemas identificados e evidenciados no nível operacional. Muito comumente se realiza um ciclo de desenvolvimento, homologação e testes no software, para então se verificar sua real aplicabilidade e eficiência.

Quando se levanta, entende, avalia e melhora processos, está se buscando resolver problemas de negócio, operacionais e de gestão. Tudo com uma visão inicialmente atrelada aos objetivos organizacionais.

Em uma iniciativa de BPM, começamos olhando o processo como ele é, para então avaliar e propor melhorias, que nem sempre demandam mudanças ou desenvolvimento de software.

Além dessa visibilidade única, com a adoção de ferramental tecnológico de apoio (BPMS), a inclusão de novas tecnologias se dá de forma muito mais simples. Quando temos a visão dos processos e os recursos de TI utilizados, temos a visão necessária para decidir entre desenvolver nova aplicação, reutilizar as existentes na composição de novos serviços ou, ainda, somente mudar uma regra de negócio.

7. Melhor uso do capital humano e sua consequente valorização

Um fato bastante comum nas organizações é a alta rotatividade de colaboradores e a insatisfação funcional. Por que isso é tão comum?
Não tenho a pretensão de exaurir o tema nestas poucas linhas, mas um ponto pacífico que posso apresentar é a insatisfação com a função exercida.

É normal sentir-se insatisfeito com certos tipos de trabalho que realizamos diariamente e que, em alguns casos, beira a robotização do trabalhador. Como BPM pode ajudar a reduzir e, até mesmo, eliminar tal sentimento?

Imagine que uma das suas atribuições diárias é realizar a entrada de dados em um sistema de pagamentos, e para que você possa fazer esta atividade, você consulta uma base de dados corporativa, verifica as informações no cadastro principal e, se preciso for, faz os ajustes necessários. Quando tudo isso está feito, você acessa o sistema de pagamentos e, finalmente, entra com os dados cadastrais. Repetitivo? Sujeito a erros? Enfadonho? Com certeza.
Pense no custo da pessoa que está encarregada de realizar tal atividade. Pense na quantidade de pontos de falha. Pense na insatisfação diária de ter que realizar tal atividade sem fim.

Quando analisarmos o processo onde esta atividade está inserida, fatalmente encontraremos pontos de quebra e repetição de procedimentos humanos. Isso já é uma oportunidade de melhoria simples e de grande ganho para todos – tanto para a organização, quanto para o colaborador.

Quando criamos o novo processo, e usamos a tecnologia disponível, devemos providenciar uma entrada única de dados, uma validação e garantia de sua consistência, e claro, vamos eliminar a necessidade de realimentação da informação.

Ao fazer isso, a organização ganhará maior confiança nos dados e nas informações trafegadas, mais agilidade operacional, mais qualidade nos dados e, principalmente, estará ganhando um novo colaborador.
Esse novo colaborador que, até então, gastava grande parte de seus dias abastecendo sistemas e validando dados, agora é um profissional livre para ajudar o negócio de uma forma maior. Agora ele está livre para se tornar realmente um colaborador – não mais um realizador.

Temos visto nas organizações uma impressionante e positiva mudança de atitude dos profissionais quando se encontram livres da burocracia desnecessária. É um sentimento de valorização profissional. É uma abertura de oportunidades de crescimento – mesmo que horizontal.

Podemos considerar tal realização como um benefício indireto aos colaboradores, pois eles mesmos são os primeiros a reconhecer essa valorização do capital humano e de seu intelecto.

Pergunte ao RH (área de Recursos Humanos) da sua organização se esse sentimento de valorização é importante.

Capital Humano

Na primeira edição desta obra, tratamos o tema como "recursos humanos". Com a evolução e o amadurecimento dos conceitos nos últimos 5 anos, achei pertinente fazer uma breve contextualização sobre algumas diferenças entre Recursos Humanos e Capital Humano.

Sem querer exaurir o tema, mas ao menos apresentá-lo, a seguir veremos uma rápida introdução do assunto.

Estamos vivendo grandes mudanças. Conceitos, extremamente abrangentes e impactantes na vida organizacional e pessoal, nesse exato momento, estão em processo de transformação.

Até o século XX, os trabalhadores eram considerados, quando muito, colaboradores de uma organização. Nesse período, o profissional era apenas um simples e dispensável recurso necessário para a realização de algum trabalho. Ainda no século XX, os trabalhadores eram formados e formatados para trabalhar e, se tudo desse certo, um dia se aposentar.

O mundo mudou, não apenas tecnologicamente. Hoje, é possível dizer que estamos vivendo no olho do furacão de uma revolução filosófica nas novas gerações. Essa radical mudança de postura, faz com que as organizações mais modernas e atentas se preocupem cada vez mais com o "propósito" das coisas.

Antes dessa revolução, uma organização contratava um trabalhador que recebia pelo trabalho realizado e se motivava, quando muito, por um plano de carreira com algum crescimento vertical – quase sempre baseado em realizações, tempo de trabalho, indicações de líderes e, obviamente, diplomacia interpessoal e organizacional.

Um trabalhador era contratado pelo "departamento pessoal" e, então, "acompanhado" pela área de recursos humanos. Além de recursos humanos, a organização também acompanhava o uso dos seus demais recursos (infraestrutura, finanças, tecnologia etc.)

Hoje, no século XXI, as organizações estão mudando essa percepção sobre seus trabalhadores. Muitas já estão migrando o entendimento, de recurso humano, para capital humano. Essa mudança não é apenas de nome, é uma mudança na semântica e no propósito.

Mudamos o significado ao reconhecer que o ser humano, trabalhando em uma organização, mesmo com toda a tecnologia disponível, ainda é um dos principais bens dessa organização – se não o principal.

Mudamos o propósito, pois antes trabalhávamos para ter uma aposentadoria, precisávamos alcançar metas, pagar contas e conquistar algum conforto na vida pessoal. Isso ainda existe, mas adicionamos a essa equação a palavra propósito. Hoje, um jovem trabalhador não se motiva pelos mesmos elementos que motivaram seus pais e avós. Hoje, boa parte da nova força de trabalho precisa ter algum tipo de alinhamento de propósito com a organização – é cada vez mais estreita a relação pessoal com a profissional. É cada vez mais difícil separar as duas.

Vivemos uma integração total. Trabalhamos o tempo todo, no carro, no avião, em casa, na praia, na cama... Mesmo que não classifiquemos certas ações pessoais como ações de trabalho, ao longo do dia, estamos pensando em questões do trabalho e resolvendo pendências profissionais.

Não temos mais aquela previsão de aposentadoria com 50 ou 60 anos de idade. Aliás, para um futuro bem próximo, é cada vez mais frágil a situação da aposentadoria. A expectativa de vida aumentou muito, e vai continuar aumentando.

Dizer que os recém-nascidos de hoje chegarão aos 100 anos com alguma facilidade, já não é nenhuma novidade ou ficção.

Por isso, e um pouco mais, hoje, as organizações já entendem que a retenção de seus talentos humanos e a evolução de seus profissionais, não são assuntos menos relevantes para o sucesso organizacional. Pelo contrário. O capital humano de uma organização é, cada vez mais, tratado como um bem organizacional raro e muito precioso.

As organizações que não entendem isso são organizações que não entendem o tempo em que vivem. São organizações estrategicamente anacrônicas.

O capital humano atual precisa de um propósito maior para realizar seu trabalho. Afinal, se você vai passar os próximos 60, 70, 80 anos trabalhando, é bem melhor se sentir como parte importante do todo, e que esse todo esteja trabalhando para construir uma sociedade melhor. Estamos vivendo uma evolução de propósitos. Com o uso maciço das novas tecnologias para trabalho on-line e compartilhado, o próprio conceito de emprego está mudando.

Hoje, queremos coisas muito mais avançadas do que as coisas que queríamos até o início do século XXI.

Antes, queríamos carros próprios (voadores, se possível), viagens espaciais, micro-ondas, TV a cores, telefone, usinas nucleares, lançar sogras em poços de piche e outras coisas do tipo.

Hoje, cada vez mais, pensamos em preservar o meio ambiente, na cura para doenças graves, em prolongar a vida com qualidade, no consumo consciente, em ter água potável. Queremos transporte coletivo de qualidade, acessibilidade para idosos e deficientes... É quase que um retorno às origens do que realmente importa para o ser humano. Qualidade de vida nunca teve tanto valor na hora de tomarmos decisões profissionais.

Essa epifania secular deve ter origem em nosso individualismo desmedido. Afinal, produzimos e consumimos muita porcaria todos os dias. Já estava mesmo na hora de começar a fazer coisas mais interessantes e com propósitos mais nobres e relevantes. Esse é o horizonte dos novos trabalhadores. Esse é o desafio da nova gestão de capital humano.

A gestão por processos é uma abordagem capaz de reorientar como as coisas são feitas dentro das organizações. Por vezes, a simples melhoria de uma atividade no trabalho, ou apenas a eliminação de uma etapa burocrática, já causa a percepção de evolução, e com essa percepção, permite o uso do mais precioso e raro elemento do capital humano – a capacidade de tomada de decisão com base no intelecto desenvolvido e motivado.

8. Quebra dos silos e feudos da gestão corporativa tradicional

• Quantos setores e áreas a sua organização possui?

• Quantos gerentes e coordenadores para cada área ou setor? Muitos, não?

• Quem conhece todo o processo de desenvolvimento de novos produtos/serviços?

• Quem é o responsável pelo êxito ou fracasso de determinada interação com o cliente?

Difícil responder?
Essas são características bastante comuns nas organizações desde sempre. As organizações e seus gestores foram ensinados, e estão acostumados, a pensar setorialmente.
Foram formatados para analisar a situação geral da organização olhando sua subdivisão em setores, áreas, responsáveis, resultados e desempenhos individuais. É sabido que não temos a necessária eficiência agindo desta forma.
As organizações continuam existindo, umas tendo lucros, algumas prejuízos e outras sem ter a menor ideia da sua realidade corporativa.
Enquanto não for incorporada a visão de que o importante para o negócio é como ele é realizado no todo, e como isso impacta a vida do cliente, continuaremos olhando, culpando e buscando soluções setoriais e pontuais.

Quando um setor realiza suas atividades com extrema eficiência e outro atrasa, o resultado continua sendo insatisfatório. E pior ainda, nesse mesmo caso, a percepção do cliente em relação à qualidade da organização continuará comprometida.

Essas áreas/setores corporativos acabaram por se transformar verdadeiros silos informacionais, ou pior, se tornaram feudos defendidos por seus senhores com toda competência e paixão, mas que continuam disputando com outros. Isso não é bom para o reinado.

Os silos e feudos precisam ser evitados e eliminados. Isso não é uma tarefa simples e rápida. Essa tarefa envolve, principalmente, uma visão interfuncional de processos e a gestão das carreiras dos seus profissionais – gestão do capital humano.

Com a adoção de BPM, a organização deve buscar alcançar o melhor resultado geral na realização de suas atividades, independentemente de onde essas atividades são realizadas, afinal não importa o setor, mas o resultado do processo. O foco do cliente deve orientar a estratégia. O foco da entrega deve estar no valor percebido pelo cliente. Os processos devem contribuir para a melhor consecução de todos os casos e cenários.

9. Simulação e ensaio de melhorias em ambiente controlado

Imagine a seguinte situação. Você precisa melhorar um importante serviço que sua organização já realiza e que constantemente é alvo de críticas e reclamações de seus clientes. Como desenvolver essas mudanças, e mais, como testá-las antes da sua implantação?

Uma das mais práticas e modernas funcionalidades das ferramentas de apoio à gestão por processos (BPMS) é a possibilidade de simulação dos mais diversos cenários dos processos – e tudo em ambiente controlado sem exposição dos erros e problemas para o cliente.

A simulação pode ser feita sem o uso específico de ferramental de BPMS, utilizando cartões de execução de tarefas (pouco comum), planilhas de simulação (muito comum), scripts de atores e atividades e a aplicação dos parâmetros definidos. Algo parecido com um teatro corporativo em ambiente igualmente controlado. Não é algo muito trivial de ser realizado, mas se levarmos em consideração o uso de alternativas tecnológicas, teremos um grande ganho de tempo na realização das simulações e gerações de relatórios.

Com o uso de BPMS na camada de simulação, temos condições de muito rapidamente aplicar os cenários desejados no processo, ver sua execução em ambiente de simulação, gerar relatórios e avaliar os resultados. Tudo isso permite ao gestor uma tomada de decisão com muito mais base informacional prática e avaliação de números reais.

É a possibilidade de criação de um ambiente de negócio virtual, onde todas as informações que foram levantadas e modeladas sobre o processo estão disponíveis, e o trabalho do gestor é aplicar as alternativas definidas e avaliar seus resultados.

Definições Essenciais

A partir de agora vamos trabalhar algumas definições formais e necessárias sobre os componentes conceituais para o completo e correto entendimento do que é BPM. Com o entendimento dos elementos a seguir, você deve compreender definitivamente o que é *Business Process Management* – BPM, e principalmente, apoiado pelo conjunto de conhecimentos comuns na área, o BPM CBOK (*Business Process Management Common Body of Knowledge*), terá a correta compreensão das definições mais aceitas e utilizadas pelos profissionais de processos em todo o mundo.

Vale a ressalva de que as declarações a seguir estão completamente alinhadas ao BPM CBOK v3.0, e por isso mesmo, servem como insumo para os estudos do profissional que pretende se preparar para a conquista de sua certificação internacional CBPP® (*Certified Business Process Professional*).
Sendo assim, vamos às definições:

Processo

Conjunto de atividades inter-relacionadas na realização de um trabalho visando atender necessidades específicas. Essencialmente, processos são a representação de uma lógica de realização de suas atividades.
O agrupamento lógico entre atividades, regras, recursos, desvios e condições, quando unidos por afinidade de relacionamento em direção a um mesmo objetivo ou resultado, configuram um processo.

Instância de Processo

Cada vez que um processo é executado, com uma configuração singular e individual de realização, caracterizamos uma instância do processo. Uma instância de processo, devido a sua temporalidade, é sempre diferente em cada execução. O processo é repetível. A instância é única.
A temporalidade, ou o estado provisório e individual de existência de um processo, é caracterizado pelo registro de tempo individual para realização de cada ação nele definida. Observando o trabalho realizado por sistemas, é praticamente impossível observar instâncias de processo que sejam realizadas simultaneamente. Ou seja, cada ação possui, no mínimo, alguma diferença no momento de realização (o tempo).

Quando observamos pessoas trabalhando, temos a impressão de que algumas ações são realmente simultâneas, mas também possuem alguma diferença. Porém, devido a natureza do trabalho humano, talvez não seja relevante medir de maneira tão precisa e com o registro de tempo de cada ação (conhecido no mundo dos sistemas como *Timestamp*). Por vezes, apenas um tempo médio histórico de realização do trabalho já é suficiente para uma boa medição.

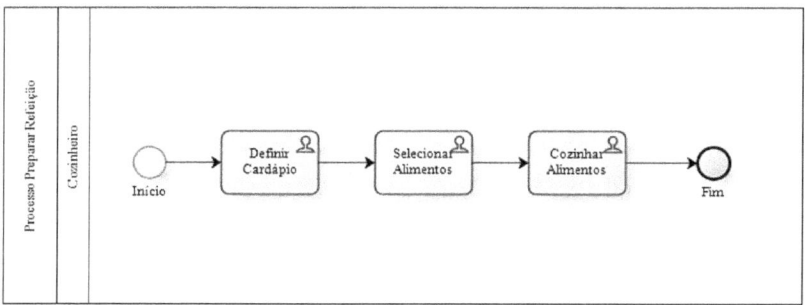

Figura 2 - Exemplo de Processo

Atividade
Tarefas ou trabalhos (humanos ou sistêmicos) realizados por recursos específicos. Podemos entender que as atividades são a realização física do trabalho, enquanto processos são agrupamentos lógicos

Negócio
Grupo de indivíduos interagindo para realizar um conjunto de atividades e entregar valor aos clientes (com ou sem fins lucrativos e governamental).

Processo de Negócio
É um trabalho realizado ponta a ponta, interfuncional e até interorganizacional, que ultrapassa qualquer fronteira necessária, e entrega valor aos clientes ou apoia/gerencia outros processos. Podemos entender que um processo de negócio é, simplesmente, uma lógica de união entre processos funcionais. Sendo assim, quando mudados os objetivos ou resultados definidos ao processo de negócio, podemos alterar a lógica de união ou sequenciamento de processos e assim alterar a própria definição do processo de negócio.

Portanto, um processo de negócio existe no âmbito da lógica de realização organizacional maior, funcionando como um maestro que orquestra os processos funcionais. Já os processos funcionais existem no âmbito da lógica de realização funcional por especialização, e por isso contemplam e orquestram o conjunto de atividades físicas.

BPM - *Business Process Management*
Segundo o BPM CBOK v3.0 da ABPMP, temos a seguinte definição:

> *Gerenciamento de Processos de Negócio (BPM – Business Process Management) é uma disciplina gerencial que integra estratégias e objetivos de uma organização com expectativas e necessidades de clientes, por meio do foco em processos ponta a ponta. BPM engloba estratégias, objetivos, cultura, estruturas organizacionais, papéis, políticas, métodos e tecnologias para analisar, desenhar, implementar, gerenciar desempenho, transformar e estabelecer a governança de processos.*

Ou seja, podemos entender que BPM é uma abordagem disciplinar para **diagnosticar, melhorar, executar, monitorar** e **alinhar** processos de negócio, automatizados ou não, para alcançar resultados consistentes e orientados pelos objetivos estratégicos da organização.

Ainda sobre a definição de BPM, para entender a amplitude do Gerenciamento de Processos de Negócio, precisamos considerar alguns conceitos fundamentais que nos ajudam na compreensão do todo:

* BPM não é um método de trabalho, é uma disciplina de gestão
* Métodos descrevem como fazer, BPM trata de O QUE pode ser feito
* BPM é para entregar valor ao cliente
* Quem define valor é o cliente
* BPM deve buscar o foco do cliente
* Implantar BPM em uma organização é uma decisão estratégica
* O apoio da liderança organizacional é essencial para BPM

- Organizações maduras desenvolvem seus métodos de BPM
- Métodos de BPM, normalmente, são derivados do tradicional PDCA
- Tecnologias de análise, simulação, gestão, execução e monitoramento de processos não devem ser o foco principal das iniciativas de BPM. Porém, são meios importantes que facilitam certas abordagens.

De forma complementar a definição de BPM, anteriormente apresentada, temos dois outros acrônimos de grande utilização no cenário internacional. Veremos a seguir o que é cada um deles, e quais os seus propósitos.

BPMS
Business Process Management Suite – Systems
Softwares/Sistemas auxiliares na realização de BPM
Um BPMS, ou *Business Process Management Suite* ou *System*, é uma ferramenta complexa que, em linhas gerais, é responsável pela realização de grande parte do ciclo de vida do gerenciamento de processos de negócio.

Durante o início da utilização e adoção da disciplina de BPM, muita confusão entre BPM e BPMS foi criada. Devido às características de abordagem mercadológica, os até então fabricantes de produtos (software) de integração de sistemas e *workflow* utilizavam a sigla BPM para se referir aos seus produtos e tecnologias, e com isso algumas corruptelas conceituais foram criadas.

Com o maior conhecimento do assunto por parte do mercado consumidor, que vem aprendendo sobre o tema desde 2003, esse desvio de uso do conceito está gradativamente reduzindo, tanto que, hoje em dia, é cada vez menos comum que os fabricantes de produtos de modelagem, monitoria, integração e execução de processos se referenciem a si mesmos como "fabricantes de BPM". Atualmente, o mais comum é encontrarmos referencias do tipo "Sistemas de BPM", "Ferramental BPM", "Motores de Processos" etc.

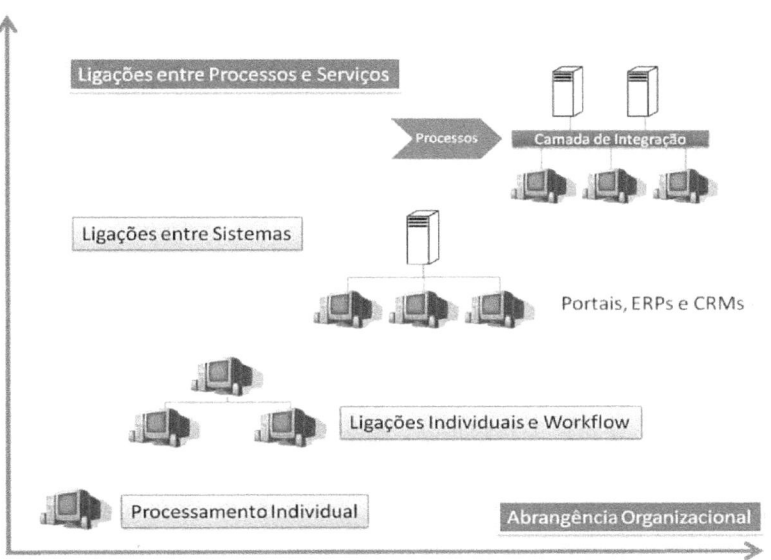

Figura 3 - Evolução Tecnológica e BPMS

Portanto, neste ponto do livro, é importante que o leitor entenda que BPM é a disciplina de gestão, e BPMS um dos seus ferramentais de apoio. Fazendo uma simples analogia, seria o equivalente a dizer que administração financeira é a disciplina, e a planilha eletrônica uma das ferramentas de apoio.

Ao longo do livro, e com mais detalhes no capítulo de "Tecnologias de Apoio", apresentarei as capacidades mais comuns das ferramentas de BPMS, suas principais características e sua adoção ao longo da disciplina BPM.

BPMN

Business Process Modeling and Notation
Notação da *Object Management Group* para modelagem de processos

Segundo a própria OMG – mantenedora da notação – BPMN é uma notação gráfica que descreve as etapas e os componentes de um processo de negócio. BPMN descreve o fluxo ponta a ponta de um processo de negócio.

A notação foi projetada especificamente para coordenar a sequência de processos e as mensagens que fluem entre os diferentes participantes do processo em um conjunto relacionado de atividades.

Um processo de negócio pode abranger vários participantes e a sua coordenação pode ser bastante complexa. Com o uso de BPMN é possível fornecer aos usuários uma notação livre e de larga adoção, além de fácil entendimento.
Fazendo um paralelo com a área de tecnologia da informação e sistemas, podemos dizer que o uso da notação beneficia seus usuários de forma incontestável, assim como o UML (*Unified Modeling Language*) padronizou o mundo da engenharia de software. Existem diversos cursos de capacitação, livros e um corpo de conhecimento que os usuários podem acessar gratuitamente, a fim de melhor representar e implantar processos de negócio.

Atualmente, a maior parte das ferramentas de BPMS, ou apenas modelagem de processos, adota esta notação.
Para o leitor que pretende aprender a modelar processos com BPMN, sugiro desde já que faça o download gratuito da notação no site da OMG – BPMN em http://www.bpmn.org/

Com a leitura da notação será possível entender os seus elementos, regras e objetivos, mas não será trivial utilizar todos os seus componentes com propriedade, clareza e objetividade.

Para aprender a modelar com mais qualidade usando BPMN, sugiro a leitura do livro de Bruce Silver – "*BPMN Method and Style*", Cody-Cassidy, 2009.
Esse livro de Bruce Silver é bastante simples de compreender e seguir, mas ao mesmo tempo revolucionário, pois é o primeiro livro que ensina o leitor a

utilizar padrões de modelagem, que segundo o inspirado autor, seguem métodos e estilos específicos para cada objetivo.

Além da melhoria da capacidade de modelagem, o autor nos apresenta três níveis de descrição e detalhamento de processos que são muito úteis quando em tempo de projeto e nas atividades diárias.

Ainda sobre BPMN e as suas ferramentas de modelagem de processos, uma tendência já bastante concretizada atualmente é a modelagem "guiada" pelo próprio software. Ou seja, a ferramenta impede que o usuário, durante a diagramação, cometa uma boa parte dos erros previstos e relacionados ao uso dos elementos da notação. Esse tipo de facilidade é muito importante quando lembramos que, inicialmente, o principal objetivo da notação era padronizar e aproximar a área de negócio da própria especificação dos processos.

Veremos mais características da modelagem com BPMN e ferramentas no capítulo "Tecnologias de Apoio".

No ano de 2014 lancei meu terceiro livro: "Medição de Valor de Processos para BPM". Nessa obra, apresento uma proposta bastante ousada para modelagem de processos em sua situação real (*As Is*). É o que chamo de "Modelagem da Verdade". Para o interessado em aprender a utilizar BPMN 2.0 para representar rica e visualmente a realidade dos processos e, a partir dessa representação, calcular com mais precisão os custos para cada instância de processos, a capacidade de trabalho e a qualidade, fica a dica de leitura.

É um livro com vasto embasamento teórico, mas que não se encerra em textos. Para essa obra, criei e apliquei uma série de exercícios para que o leitor possa praticar e testar tudo que é apresentado apresentado.

Além disso, o livro possui um site próprio contendo os resultados de seus exercícios e vasto material gravado em áudio para reforçar o aprendizado e ajudar na realização dos exercícios. Veja mais detalhes e como adquirir seu exemplar acessando o site www.gartcapote.com

Desde o seu lançamento em 2014, o livro "Medição de Valor de Processos para BPM", juntamente com esta obra, passou a compor o material didático dos alunos do Curso de Formação de Analistas de Processos – CFAP.

Corpo de Conhecimentos Comuns em BPM – BPM CBOK®

Antes de evoluirmos nas áreas de conhecimento da disciplina de BPM, é importante evidenciar a iniciativa de criação, manutenção e evolução das essenciais informações para a prática da profissão. Estou me referindo a *Association of Business Process Management Professionals*, ou apenas ABPMP (Associação de Profissionais de Gerenciamento de Processos de Negócio). Sem a fundação e o empenho da ABPMP, não teríamos a nossa disposição o maior repositório e equalizador de conceitos e fundamentos da disciplina de BPM – O Corpo Comum de Conhecimentos em Gerenciamento de Processos de Negócio, ou apenas BPM CBOK® (*Business Process Management Common Body of Knowledge*). Para traduzir o motivo deste reconhecimento de importância neste livro, vou contar sucintamente como surgiu o capítulo da ABPMP no Brasil.

Em 2007 eu estava procurando uma certificação profissional em BPM, afinal, já estava caminhando para o quarto ano de prática na área, e com muito estudo sobre a disciplina e suas tecnologias correlatas. Em uma das inúmeras buscas pela internet, encontrei o site da ABPMP Internacional. Confesso que era o site mais antiquado, desatualizado e estático que havia encontrado mas, ao mesmo tempo, era único em sua proposta. Nele encontrei uma declaração de missão que diz:

✓ Promover a prática de Gerenciamento de Processos de Negócio.
✓ Desenvolver o conjunto de conhecimentos comuns nesta área.
✓ Contribuir para o avanço e o desenvolvimento das competências profissionais dos que trabalham nesta área.

Para sustentar essa árdua missão, a ABPMP estabeleceu suas fundações como uma associação de profissionais da área de gerenciamento de processos de negócio, sem fins lucrativos, independente de fornecedores, dedicada à promoção dos conceitos e práticas de BPM. Ao ler a missão e a sua declaração institucional, sabia que tinha encontrado algo completamente diferente, mas não foi apenas isso, a seguir eu iria descobrir o seu maior atrativo. O BPM CBOK.

Fundada em 2003, na Cidade de Chicago – IL – EUA, por Brett Champlin, Chris Jensen e Richard Lovell, e com o apoio inicial de Howard Smith (Coautor do grande divisor de águas "*Business Process Management, The Third Wave*", a ABPMP International foi gradativamente crescendo nos EUA e com a colaboração de grandes autores e praticantes de BPM, deu-se início ao complexo trabalho de estabelecimento de conceitos e conhecimentos comuns.

Era o início da equalização internacional e padronização de termos e princípios da disciplina. Foi com esse movimento que a ABPMP criou – colaborativamente – a primeira versão do BPM CBOK.

Faço questão de frisar que a sua criação foi colaborativa, para evitar que se pense que a própria associação cunhou os termos e conceitos existentes no BPM CBOK. Na verdade, o maior trabalho ao se criar e manter esse tipo de literatura é chegar ao necessário consenso e transcrevê-lo universalmente.

Ainda em 2007 me associei ao grupo, ficando como membro convidado do capítulo da Flórida, e com isso tive acesso ao documento. Naquele ano o BPM CBOK ainda estava em sua primeira versão, e possuía diversos pontos de melhoria. Isso não era um problema, mas sim, uma oportunidade.

Durante esse período de reconhecimento da associação e do BPM CBOK, surgiu uma ideia, até então, bastante etérea.

Pensei: Por que não trazer para o Brasil a ABPMP?

Estava estabelecido ali um objetivo pessoal, e assim comecei a procurar colegas para essa difícil jornada.

Resumidamente, em 2008, eu, José Davi Furlan, Leandro Jesus, Mauricio Bittencourt e Sérgio Mylius fundamos o *chapter* nacional da Associação. Nascia naquele ano a ABPMP Brasil.

Em 2008, divulgamos todas as nove áreas de conhecimento do BPM CBOK com seminários via internet.

Em 2009, treinamos ao vivo e via internet centenas de profissionais de processos dos mais diversos pontos do Brasil, levando igualdade de conhecimento e oportunidade para os mais remotos.

Em 2010, após traduzirmos o BPM CBOK para o português, finalmente, trouxemos para o Brasil a prova de certificação profissional internacional: CBPP – *Certified Business Process Professional*. É uma certificação totalmente independente de fabricantes, consultorias, instituições de treinamentos e outros vetores, além de ser reconhecida no mundo inteiro como referência de qualidade, seriedade e isonomia de acesso.

Você lembra o motivo que me levou a encontrar a ABPMP em 2007?

Sim. Eu estava procurando uma certificação internacional isenta, com qualidade e que fosse independente. Somente em 2010 consegui o que queria.
Hoje, a ABPMP Brasil é o maior chapter da ABPMP, uma grande liderança na certificação CBPP e na realização de eventos sobre BPM em todo o País.
Hoje, somos amplamente referenciados na Europa, América do Norte, África e América Latina, quando se trata de empreendedorismo associativo, disseminação de conhecimentos e liderança.

Para conhecer melhor a ABPMP Brasil e se unir ao movimento, acesse o site em www.abpmp-br.org.

Dito tudo isso, vamos voltar agora ao caminho original, e passar brevemente pelas nove áreas de conhecimentos do BPM CBOK.

Neste ponto vale a ressalva:
O objetivo deste livro é apresentar ao leitor os conceitos fundamentais sobre BPM e aprofundar os seus conhecimentos nas áreas do BPM CBOK com maior afinidade imediata às atividades relacionadas à profissão de Analista de Processos.
Não apresentarei neste livro todos os conceitos, princípios, atividades e técnicas existentes no BPM CBOK. Para conhecê-lo devidamente, o leitor deve lê-lo. Fica registrada aqui a minha indicação.

O BPM CBOK e as Nove Áreas de Conhecimento

No intuito de facilitar a organização e a assimilação dos conhecimentos relacionados à disciplina de BPM, o BPM CBOK foi estruturado em nove áreas específicas de conhecimento, sendo todas inter-relacionadas e evolutivamente complementares.

O conteúdo apresentado no BPM CBOK é a base do exame para a certificação internacional da ABPMP, o CBPP (*Certified Business Process Professional*).

Por ordem de capítulos, temos a seguinte distribuição:

1. Gerenciamento de Processos de Negócio
2. Modelagem de Processos
3. Análise de Processos
4. Desenho de Processos
5. Gerenciamento de Desempenho de Processos
6. Transformação de Processos
7. Organização do Gerenciamento de Processos
8. Gerenciamento Corporativo de Processos
9. Tecnologias de BPM

As áreas de conhecimento agrupadas conforme definição do BPM CBOK.

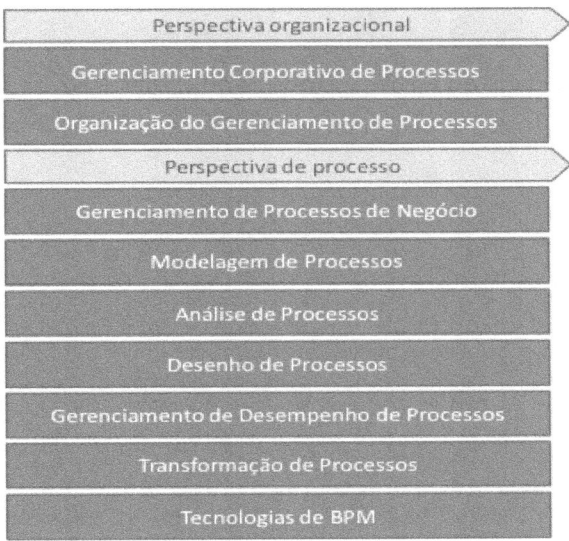

Figura 3 - Áreas de Conhecimento do BPM CBOK

Além do agrupamento em suas áreas de conhecimento, o BPM CBOK também apresenta um ciclo de vida das fases de realização do gerenciamento de processos de negócio, não prescrevendo-o como um método único e definitivo, mas orientando para sua busca e configuração caso a caso conforme necessidade organizacional.

Vamos entender rapidamente o propósito de cada área de conhecimento do BPM CBOK.

Área 1
Gerenciamento de Processos de Negócio

Este capítulo do BPM CBOK trata dos conceitos fundamentais de BPM. Nesta área de conhecimento, as principais definições conceituais da disciplina são estabelecidas e apresentadas. Definições como:

O que é negócio, o que é processo, o que é BPM, quais os tipos de processos, o que é valor para o cliente, natureza do trabalho interfuncional, componentes de processo, ciclo de vida de BPM, capacidades, fatores chave de sucesso, entre outras.

Um dos maiores ganhos que esta área de conhecimento traz para a comunidade profissional internacional é o estabelecimento formal de que BPM é uma disciplina de gestão, e não apenas uma tecnologia (BPMS). Além disso, fornece a base conceitual necessária para avançar para os próximos capítulos. Nesse ponto do BPM CBOK também é reconhecida a necessidade de compromisso contínuo da organização para que as iniciativas de BPM tenham impacto positivo e alcancem o resultado esperado.

Nota do autor:
Particularmente, acredito que este capítulo é um dos mais importantes, pois, a partir dos conceitos ali apresentados, toda uma padronização de discurso e conhecimentos se torna possível. Até bem pouco tempo atrás, antes do lançamento do BPM CBOK, para cada pesquisa que fosse feita sobre um termo ou conceito de BPM, encontraríamos tantas definições quanto autores e praticantes. Até mesmo a sigla BPM possui as mais distintas definições.

Área 2
Modelagem de Processos

Este capítulo do BPM CBOK trata do conjunto crítico de habilidades e técnicas que habilitam pessoas a compreender, formalizar e comunicar os componentes primários de processos de negócio. Ou seja, nesta área de conhecimento, temos as definições gerais sobre tudo que envolve a modelagem de processos – e não apenas a sua diagramação. As diferenças entre modelo e diagrama serão apresentadas no capítulo "Levantamento e Modelagem de Processos". Outro ponto importante relacionado a esta área de conhecimento do BPM CBOK é o reconhecimento formal das mais diversas notações e formas de representação de processos, independentemente de seu fabricante, cobrindo, por exemplo, técnicas de modelagem e notações, como *Flow Charting*, IDEF, BPEL, BPMN etc.

Nota do autor:

Durante a prática diária tenho encontrado profissionais com muita dificuldade em diferenciar o que é um modelo de processos, do que é um mapa e um diagrama de processos. Isso acontece entre os mais diversos níveis hierárquicos. Além disso, uma dúvida comum aos estudantes de BPM, e que talvez seja causada pela diagramação do ciclo de vida versus as nove áreas de conhecimento:

O que vem primeiro: a análise de processos ou a modelagem?

Ora, depende! Se você possui processos diagramados/mapeados ou modelados, parta para a análise, caso contrário, levantamento e modelagem são necessários.

Área 3
Análise de Processos

Este capítulo do BPM CBOK trata das atividades, princípios e técnicas utilizados para a compreensão e diagnóstico dos processos de negócio. É nesta área de conhecimentos que ratificamos o momento e a necessidade de se buscar uma visão real do atual estado dos processos. Neste capítulo são apresentadas atividades que buscam a avaliação do ambiente do negócio, o levantamento e a definição de necessidades do negócio.

É nesta área de conhecimento que estão cobertas as técnicas e atividades de análise de processos aceitas e adotadas internacionalmente pela comunidade de processos. Em um ciclo de vida de BPM, a análise se concentra no entendimento detalhado do momento atual, também conhecido como análise de processo "*As Is*" (Como é).

Nota do autor:
No capítulo de análise de processos deste livro iremos trabalhar a fundo as principais atividades, técnicas e habilidades necessárias para a realização de uma boa análise de processos, afinal, este é o nosso foco.
Uma pequena observação sobre o mercado brasileiro atual: Nos últimos anos tenho percebido uma "migração" profissional imediata, na qual profissionais que um dia trabalharam com alguma forma de representação e gerenciamento de processos assumem que estão imediatamente habilitados a atuar como analistas de processos segundo BPM. Isso é um perigoso equívoco.

Apesar de parecer óbvio, é importante reforçar que análise de requisitos e análise de negócios não são o mesmo que análise de processos.

Área 4
Desenho de Processos

Este capítulo do BPM CBOK trata da criação das especificações para processos de negócios após a realização da sua análise, cobrindo desde as atividades e técnicas mais essenciais, até atividades mais específicas tal qual a simulação de cenários. É nesta área de conhecimento que os princípios de desenho de processos de negócio são estabelecidos.

As atividades relacionadas ao desenho de processos visam à realização do projeto de novos ou melhores processos, também conhecidos no mercado em geral com "Melhoria" ou "Projeto" de processos. A diferença implícita mais evidente é a localização distinta na linha de tempo, onde análise trata do entendimento do presente, e o desenho é orientado para o futuro. Conhecido popularmente como "*To Be*" (Por Ser).

Nota do autor:
No capítulo de desenho de processos iremos trabalhar as principais atividades, técnicas e habilidades necessárias para um eficiente projeto de melhoria de processos.
A melhoria dos processos só deveria ser realizada após a análise dos mesmos, mas, infelizmente, ainda é muito comum encontrar profissionais negligenciando a importância da análise para um bom desenho.

Desenhar um processo (ou projetar sua melhoria) sem antes ter realizado a sua análise é tão correto quanto um médico receitar os remédios sem ter feito anteriormente um diagnóstico.

Outro problema bastante comum em iniciativas de BPM é encontrar lideranças de processos que acreditam que conhecem tudo sobre os processos e, mais ainda, de tanto os viverem, sabem até qual a solução para os problemas.
Normalmente, essa equivocada noção de que já sabemos qual a solução foi gerada com base na dor, e não no diagnóstico.

Área 5
Gerenciamento de Desempenho de Processos

Este capítulo do BPM CBOK trata das definições de formas de monitoria e gerenciamento do desempenho dos processos. Além disso, estabelece que seu monitoramento deve estar relacionado ao controle efetivo das operações ponta a ponta e o seu alinhamento em relação aos objetivos da organização.

A premissa básica desta área de conhecimento pode ser reconhecida como "aquilo que não pode ser medido também não pode ser gerenciado". Sendo assim, os esforços para melhoria e transformação de processos devem estar diretamente relacionados à capacidade corporativa de monitoria e gerenciamento do seu resultado – desempenho.

Como pontos principais abordados pelo BPM CBOK para esta área de conhecimento, podemos citar a busca pelo estabelecimento de objetivos da medição, especificação clara de medidores e suas medidas, provimento da comunicação dos resultados e análise dos dados coletados.

Nota do autor:
Tratarei com mais detalhes do gerenciamento de desempenho durante os capítulos de análise e desenho de processos, pois estes estão centralmente ligados ao entendimento dos processos, seus resultados atuais e suas proposições de melhoria – incluindo os seus pontos de monitoria de desempenho, tanto operacional, como estratégico. Veremos as quatro dimensões essenciais de métrica de monitoria ao longo do livro:

- *Tempo;*
- *Custo;*
- *Capacidade;*
- *Qualidade.*

Área 6
Transformação de Processos

Este capítulo do BPM CBOK trata da transformação dos processos corporativos de maneira disciplinada e planejada. O objetivo desta abordagem é assegurar que os processos continuem suportando os objetivos do negócio e que sua evolução seja tratada de forma planejada e estruturada por métodos conhecidos e adotados pelo mercado.

Como premissa para a transformação de processos é evidenciada a grande importância da fase de implantação dos processos, tal qual um produto de software, precisa respeitar as etapas de validação e testes para então entrar em execução – mesmo que de forma humana. A orientação da transformação de processos está diretamente norteada pela melhoria contínua com entendimento de modelos e padrões.

Além disso, este capítulo do BPM CBOK também apresenta o tema "gerenciamento da mudança", evidenciando sua relevância e seus aspectos humanos e outros fatores-chave para o sucesso.

Nota do autor
Este livro não pretende ensinar metodologias específicas para a transformação de processos, porém, como resultado do estudo e do entendimento dos capítulos aqui apresentados, o leitor irá aprender quais as atividades e capacidades necessárias para sua realização (técnicas e habilidades).

Área 7
Organização do Gerenciamento de Processos

Este capítulo do BPM CBOK trata das mudanças estruturais decorrentes da aplicação da gestão por processos no ambiente corporativo. Caracteriza claramente como é uma organização centrada em processos, descrevendo sua estrutura, sua organização, o gerenciamento, e a medição a partir dos seus processos primários.

Apresenta também as possibilidades mais comuns de configuração da estrutura funcional corporativa, o estabelecimento de escritórios de processos, centros de excelência, comitês gestores de processos e algumas outras variações comuns até o momento no mercado.

Como principais pontos desta área de conhecimento, podemos considerar a declaração de responsabilidades e características dos participantes de uma organização gerida por processos, tais como *Dono de Processo*, *Gerente de Processo, Analistas e Desenhistas de Processos, Arquitetos de Processos* etc.

Nota do autor
Este livro não pretende cobrir os conhecimentos, atividades, técnicas e habilidades necessárias para o estabelecimento de escritórios de processos, ma,s com a leitura e o entendimento dos capítulos aqui apresentados, o leitor terá pleno discernimento sobre as necessidades reais para um estabelecimento efetivo do gerenciamento de processos e de uma gestão por processos.

Área 8
Gerenciamento Corporativos de Processos

Este capítulo do BPM CBOK trata da grande necessidade de se maximizar resultados dos processos de negócio de acordo com as estratégias do negócio, com o foco do cliente e outras partes interessadas.

Estas estratégias precisam ser bem definidas, e os objetivos funcionais estabelecidos precisam ser orientados por essas estratégias. Este capítulo apresenta a transição necessária para permitir o estabelecimento de estratégias atreladas aos processos de negócio e suas atividades interfuncionais.

Além desses elementos, estabelece e apresenta alguns requisitos essenciais ao gerenciamento de processos corporativos, tais como: medição de resultados centrada em clientes, gestão de processos em nível organizacional, gerenciamento de portfólio e repositório de processos.

Nota do autor

Este livro pretende apoiar o leitor na sua capacitação profissional como Analista de Processos, e desde a sua concepção inicial, busca apresentar os conhecimentos necessários para o correto entendimento da importância da orientação a clientes e o realinhamento corporativo decorrente.

Analista de Processos é um importante elemento viabilizador do gerenciamento corporativo de processos. Se não houver uma estruturação organizacional que promova a gestão por processo em nível corporativo, normalmente, as demandas de análise, melhoria e automatização de processos são tratadas como projetos isolados e, como tal, possuem início, meio e fim, bem como uma estrutura temporária para sua condução.
Esse tipo de abordagem demonstra baixa maturidade organizacional em relação ao gerenciamento de processos de negócio.

Área 9
Tecnologias de BPM

Este capítulo do BPM CBOK trata das tecnologias que facilitam a aplicação prática da disciplina de BPM, e dessa forma apresenta a arquitetura comum aos produtos encontrados no mercado atual, bem como suas características específicas que os caracterizam formalmente como ferramentas de execução, monitoria e gerenciamento de processos, ou *Business Process Management Suite* – BPMS. Como pontos comuns, os BPMS mais modernos possuem capacidade de:

✓ Visualização e simulação de processos
✓ Gerenciamento e monitoria de atividades
✓ Estabelecimento, uso e gestão das regras de negócio
✓ Capacidade de integração sistêmica e de dados
✓ Adoção e realização de atividades segundo *Workflow*
✓ Adoção de elementos de notações de processos
✓ Suporte e biblioteca de melhores práticas de mercado

Nota do autor
Este não é um livro sobre ferramentas, mas, devido à grande importância do BPMS e a sua adoção pelo mercado, tratarei ao longo do livro sobre as diversas facilidades e capacidades tecnológicas que o profissional tem a seu dispor com o uso de ferramentas de BPMS no ciclo de vida das iniciativas de gerenciamento de processos de negócio.

Resumo

Conforme falamos no início deste livro, o gerenciamento de processos de negócio é uma abordagem disciplinar sobre os processos de negócio das organizações, compreendendo conhecimentos e ações específicas para:

- ✓ **Planejar**
- ✓ **Analisar**
- ✓ **Desenhar**
- ✓ **Implementar**
- ✓ **Monitorar**
- ✓ **Refinar**

Sendo que os processos podem ser automatizados ou não, e a disciplina busca alcançar resultados consistentes e alinhados com os objetivos estratégicos da organização.

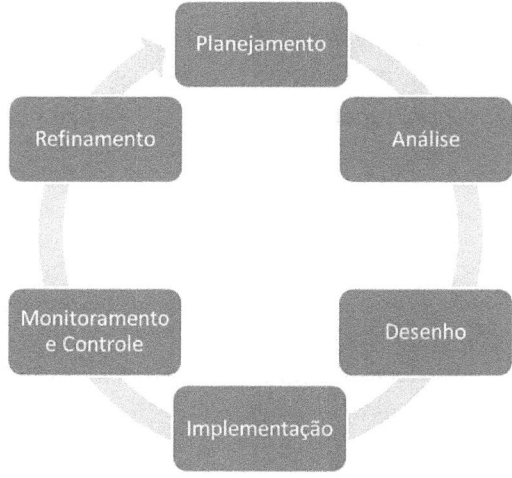

Figura 4 - Visão Geral de Ciclo de Vida para BPM

Ao analisarmos a declaração formal sobre o que é BPM e a figura anterior, podemos perceber que a aplicação da área de conhecimento de Análise de Processos está explicitamente declarada, e, por isso, podemos considerar que, para uma estruturada e responsável proposição de melhorias em processos, devemos, sempre que possível/necessário, recorrer à análise dos processos existentes e em vigor.

A declaração da disciplina de BPM, em uma visão simplificada do seu ciclo de vida na realização com BPMS, pode ser entendida como descrito na figura a seguir.

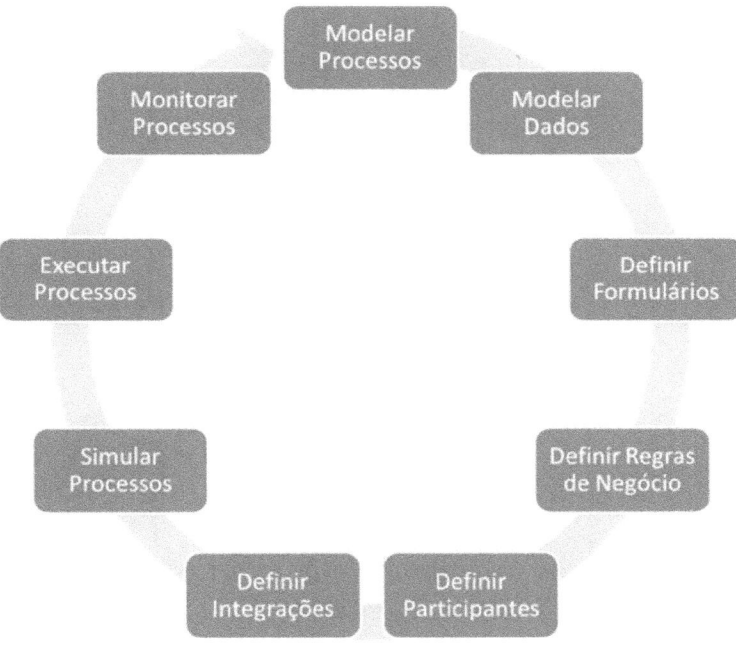

Figura 5 - Ciclo de Vida para BPM com BPMS

Conceitos Fundamentais

Continuando com o estabelecimento dos conceitos fundamentais para o gerenciamento de processos de negócio, a seguir veremos os principais elementos componentes de processos.

Elementos componentes de processos

1. Objetivo

Razão para a realização do trabalho

Todo processo precisa ter o seu objetivo definido e declarado. É a partir do entendimento do objetivo do processo que teremos condições de realizar mudanças, alinhamentos e proposições de melhoria.

Sem saber o objetivo formal do processo, qualquer mudança é perigosamente válida.

Outro ponto importante sobre objetivos. É conhecendo o objetivo do processo que podemos avaliar se determinadas atividades possuem ou não algum valor. Ou seja, se determinada atividade do processo não possui relação clara/direta com o alcance do objetivo do processo, provavelmente, essa atividade existe para tentar garantir alguma conformidade/qualidade, ou, pior ainda, é uma atividade que não adiciona qualquer valor, é apenas controle desnecessário/burocracia organizacional.

Exemplo de objetivo: Entrega do produto para o cliente.

2. Evento

É um acontecimento real que provoca uma ação, podendo iniciar a execução de um processo, mudar seu caminho afetando a sua execução e comportamento e também concluir um processo.

Normalmente, não temos controle sobre quando os eventos irão acontecer, porém, nos processos estruturados, tratamos cada evento quando da sua ocorrência. É como andar com um guarda-chuva num dia nublado. Sabemos que pode chover, não conseguimos dizer exatamente quando, mas estamos preparados para caso aconteça.

Os eventos podem ser de três tipos: inicial, intermediário e final.

Exemplos:

Evento Inicial:
O recebimento de uma solicitação de pedido no sistema.

Evento Intermediário:
Uma ligação solicitando o cancelamento do pedido.

Evento Final:
A notificação do sistema cancelando o pedido.

3. Atividade

É a decomposição do trabalho em ações a serem realizadas dentro do processo. Tradicionalmente, possui características de independência, recebimento de produtos parciais, agregação de valor ou transformação de insumos, sendo normalmente repetitiva e geradora de produtos mensuráveis.

Exemplos:

Verificar a entrada de solicitações no sistema
Enviar as solicitações recebidas
Enviar recusas das solicitações

4. Regra

É o entendimento e o estabelecimento formal de dependência entre as atividades do processo, sendo muito utilizado como insumo para atividades direcionadoras de próximos passos.

Quando um conjunto de atividades inter-relacionadas (processo), depende de um conjunto de variáveis, valores e avaliações, normalmente, estamos diante de uma regra de negócio. Ou seja, o estabelecimento de diretrizes para a realização repetível de instâncias de processos.

É bastante comum encontrar esforços de entendimento de regras existentes em sistemas, para só então representar os caminhos dos processos, seus desvios e condições.

Exemplo:

Se o resultado do valor do pedido dividido pela quantidade de produtos for maior que X, então a próxima atividade será Y.

5. Tarefa

Uma tarefa é um componente menor e interno de uma atividade. Usualmente é definido por meio de agrupamento de procedimentos – formais ou informais – estabelecidos pela organização e pertencentes ao processo.

Se ao explicar/descrever uma atividade formalmente for necessário complementar a explicação/descrição com mais um nível de detalhe, provavelmente, esse detalhamento complementar será uma tarefa da atividade.

Exemplo:

Atividade = Verificar Entrada de Pedidos

Tarefa = Abrir caixa de e-mail corporativo para encontrar pedidos.

6. Procedimento

Tarefa é um componente menor e interno de uma atividade. Procedimento é a instrução mais detalhada dessa tarefa.

Se ao explicar/descrever uma tarefa formalmente for necessário complementar a explicação/descrição com mais um nível de detalhe, provavelmente, esse detalhamento complementar será um procedimento. Normalmente, os procedimentos são representados de forma textual, não se valendo de notações pictográficas – tal qual BPMN 2.0.

Exemplo:
Tarefa = Abrir caixa de e-mail corporativo para encontrar pedidos
Procedimento:
- Acessar o sistema de e-mail no endereço ...
    - Clicar na pasta "Entrada de Pedidos"
       - Buscar e-mails com assunto "Ped_Num"

6. Ator

É o elemento encarregado pela realização das atividades e tarefas descritas no processo.
Exemplo:
O ator "Atendente" deve avaliar um e-mail contendo a solicitação de produto ou pedido.

7. Entrada e Saída

São os produtos necessários e gerados a cada atividade do processo. Uma entrada pode ser caracterizada por algum documento contendo dados iniciais de um cliente, e a saída da atividade pode ser um pedido completo para este cliente com todos os dados necessários inseridos.
Ou seja, entrada do processo é o insumo consumido pelo processo, e a saída, nada mais que o produto produzido pelo processo.

Em trabalhos realizados por "trabalhadores do conhecimento", normalmente, o insumo é digital e informacional, sendo que a saída é, muitas vezes, apenas a mudança de entendimento sobre o insumo. Dessa forma, é preciso ter muito cuidado ao analisar os insumos e os produtos das atividades, pois podem ser sutis ao ponto de parecer não existir/caracterizar qualquer transformação. Essa dificuldade de percepção de transformação de insumos em produtos pode dar a impressão de que determinadas atividades não agregam valor ou algo parecido.

Quando fazemos a análise de processos e buscamos entender o fluxo da informação (*information flow*), fica muito mais fácil identificar o nível e o tipo de transformação que cada atividade realiza – e se realiza.

Exemplo:
Entrada: Documento da solicitação de pedido.
Saída: E-mail de recusa do pedido.

* Stakeholders

Não são necessariamente elementos físicos do processo, e muitas vezes são desconhecidos da gestão do processo, porém, por possuírem grande interveniência na fluidez dos trabalhos, podemos, alternativamente, considerar como elementos formadores de processos – reconhecidos ou não.

São grupos de profissionais com algum tipo distinto de interesse e participação no processo, sendo também elementos importantes na decisão e realização dos processos. De forma mais abrangente compreende todos os envolvidos em um processo, podendo ser de caráter temporário (como um projeto) ou duradouro (como o negócio de uma organização ou a missão de uma organização).

Se considerarmos os *stakeholders* como todas as partes interessadas nos resultados dos processos, teremos, provavelmente, um universo extremamente amplo de variáveis e interesses. Portanto, no contexto da gestão por processos, precisamos reduzir esse espectro e considerar como stakeholders do processos, somente as partes interessadas e diretamente relacionadas aos resultados dos processos. Sendo que, além do interesse, devemos verificar a relação de impacto entre o resultado do processo e o resultado do *stakeholder*. Se o resultado de um processo impacta diretamente uma área da organização, mesmo que o processo não utilize essa área para sua consecução, essa área possui um provável *stakeholder*.

Exemplo:
Processo de Compras e o Processo de Integração de Novos Colaboradores.
Se o processo de Compras não for eficaz, não haverá mesa e computador disponíveis para o novo colaborador trabalhar. No mínimo, o gerente de RH e o gerente da área do novo colaborador são *stakeholders* do processo de compras.

Tipos de Processos de Negócio

Os processos de negócio são agrupados basicamente em três tipos, respectivamente:

❖ **Processos Primários**

Relação direta com os clientes.

São os processos que ultrapassam qualquer fronteira funcional organizacional, podendo ser até interorganizacional, e possuem como sua mais marcante característica o contato direto com os clientes. Os processos primários, também conhecidos como processos finalísticos, quando agrupados aos outros processos primários, tendem a traduzir a cadeia de valor das organizações.

Segundo Michael Porter, e em uma livre tradução, a cadeia de valor é um agrupamento corporativo estruturado entre atividades primárias e atividades de suporte.

Resumo de características:

✓ Visão ponta a ponta e interfuncional

✓ Entregam valor ao cliente

✓ Representam as atividades essenciais de uma organização

✓ Realizam a cadeia de valor

✓ Pode percorrer organizações funcionais, departamentos e até mesmo outras organizações

✓ Permite uma visão completa da criação de valor

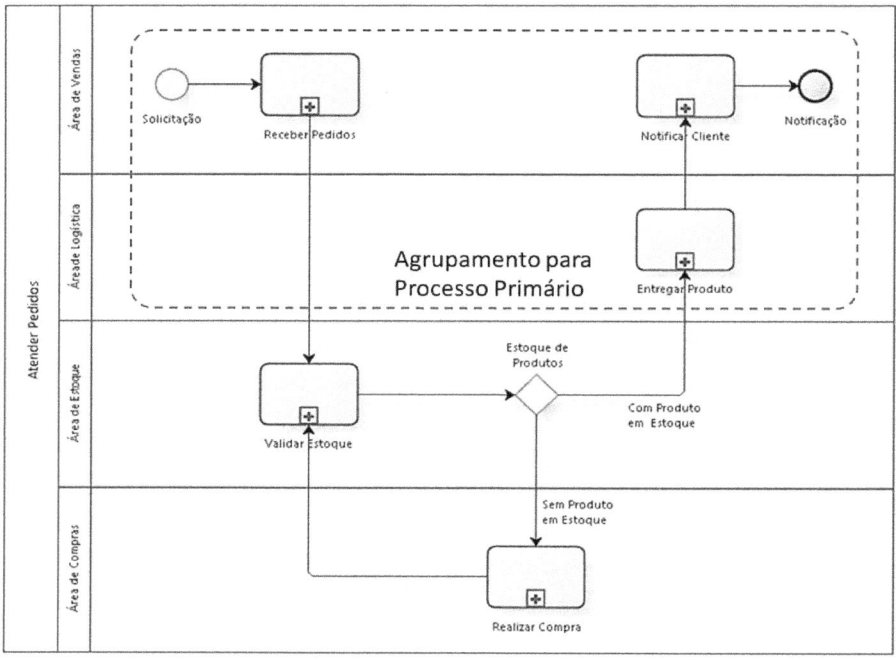

Figura 6 - Composição de Processo Primário

Na figura anterior, os processos "Receber Pedidos", "Entregar Produto" e "Notificar Cliente" foram identificados como os processos importantes e que compõem um processo maior – responsável por realizar o negócio da organização. Neste exemplo, o processo atual (*As Is*) prevê o recebimento do pedido, a verificação de produto em estoque, a realização de compra caso necessário, a entrega do produto e a notificação do cliente. Vale ressaltar que este não é um processo ideal, mas atende ao objetivo de mostrar que, mesmo durante a avaliação de um processo defeituoso, como o do exemplo, é possível identificar quais são os processos importantes e, por isso mesmo, candidatos diretos a realização de análise e proposição de melhorias.

No exemplo anterior, os três processos agrupados por afinidade de relacionamento e atendimento de objetivo poderiam formar a lógica de um processo de negócio primário.

❖ **Processos de Suporte**

Colaboram com a realização dos processos primários.

São os processos estabelecidos formalmente na organização e que visam dar suporte aos processos primários, porém, também podem dar suporte a outros processos não primários. Possuem como características marcantes a ausência de relacionamento direto com os clientes, e também o forte e evidente vínculo à visão funcional tradicional.

Apesar do nome caracterizando uma hierarquia inferior aos processos primários, possuem impacto direto na capacidade de realização e entrega dos processos primários. Portanto, são processos extremamente delicados, estratégicos e que devem ser alvo de avaliação conjunta com os processos primários.

Resumo de características:

- ✓ Visão especializada e funcional
- ✓ Grande impacto nos processos primários
- ✓ Não entregam valor diretamente ao cliente
- ✓ Sustentam a realização de outros processos

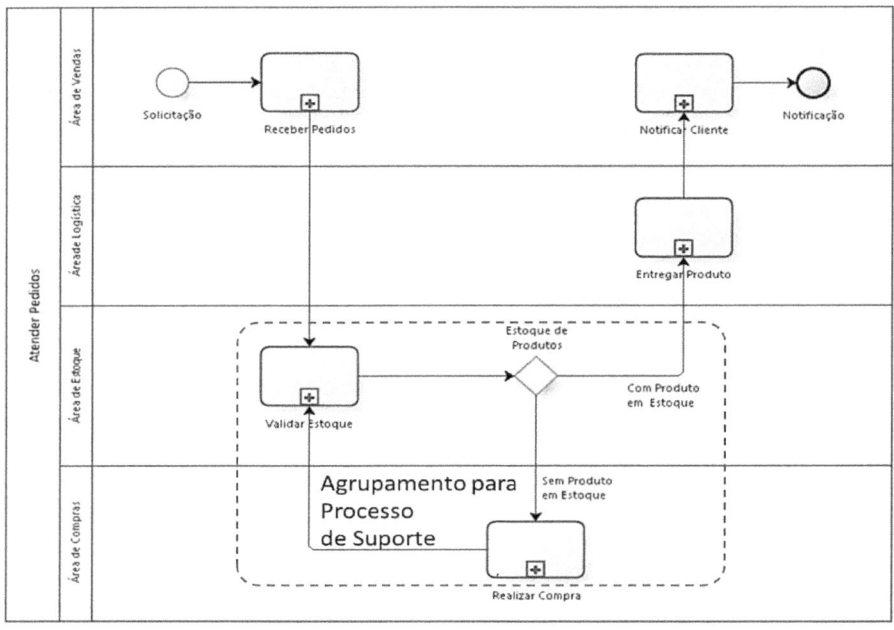

Figura 7 - Composição de Processo de Suporte

Na figura anterior, os processos "Validar Estoque" e "Realizar Compra" foram identificados como processos de Suporte.

Neste exemplo, o processo atual (*As Is*) prevê o recebimento do pedido, a verificação de produto em estoque, a solicitação de compra caso necessário, a entrega do produto e a notificação do cliente. Devemos reconhecer que o processo é defeituoso, pois permite, dentre outras coisas, que um pedido seja feito sem a verificação de quantidade de produto em estoque mas, ao mesmo tempo, devemos reconhecer que os processos "Verificar Estoque" e "Solicitar Compra" são processos que apoiam diretamente a realização dos processos responsáveis pelo recebimento de pedidos, entrega de produto e notificação do cliente.

Sendo assim, no exemplo anterior, os dois processos agrupados por afinidade de relacionamento e objetivo podem compor a visão lógica de um processo de negócio de suporte.

❖ **Processos de Gestão**

São processos estabelecidos formalmente e com o intuito de coordenar as atividades dos processos de suporte e dos processos primários. Deve buscar garantir que os processos por ele gerenciados, atinjam suas metas operacionais, financeiras, regulatórias e legais.

Resumo de características:

✓ Medição
✓ Monitoramento
✓ Ajudam na garantia da eficácia tática
✓ Não entregam valor diretamente ao cliente

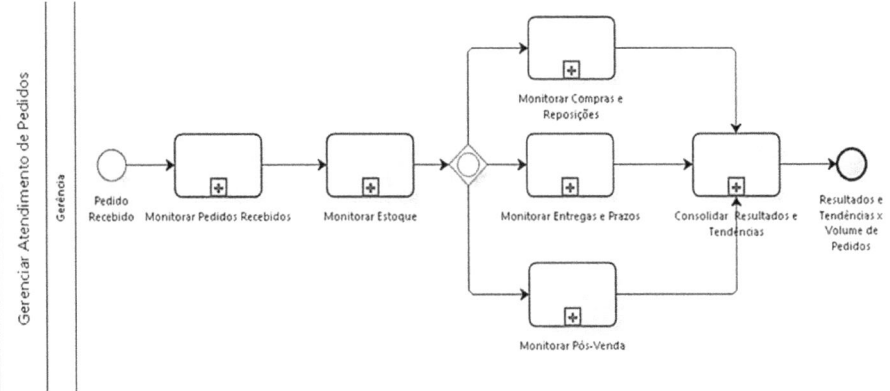

Figura 8 - Processo de Gerenciar Atendimento de Pedidos

Hierarquia Tradicional

É importante evidenciar minimamente a hierarquia formal para a representação de processos e seu agrupamento e refinamento – também conhecido no mercado como refinamento sucessivo ou *Drill Down* de processos (partir do contexto mais abstrato, ou macroprocesso, detalhando sucessivamente até sua parte mais rica em descrição – tarefa).

Um dos objetivos de se entender e utilizar a hierarquia formal de elementos do modelo de processos, ou diagrama, é possibilitar uma saudável definição de granularidade – ou riqueza de detalhes, na qual o processo será descrito ou representando.

Além disso, o profissional de processos também deve cuidar da correta representação dos diagramas e seus níveis de detalhamento de acordo com o público-alvo que irá ler o documento – diagrama. Este estabelecimento se faz necessário para garantir a facilidade de leitura e entendimento dos processos.

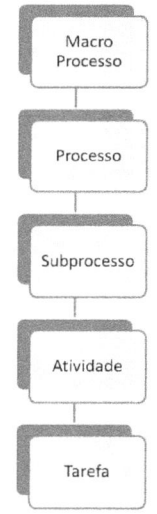

Figura 9 - Hierarquia Tradicional

Tipos de Atividades

Em relação a capacidade de produção de valor, ou seja, a capacidade de transformação positiva dos seus insumos, as atividades podem ser agrupadas, basicamente, em três tipos elementares; Atividades Primárias, Atividades de Apoio e Atividades de Garantia da Qualidade. A seguir, vamos entender cada uma delas:

1. **Atividade Primária**

   São atividades caracterizadas claramente pela adição de valor em sua realização, pois contribuem diretamente para o resultado esperado pelo processo (objetivo) de forma positiva.

   Como saber se uma atividade é primária para um processo?

   Pergunte qual o objetivo da atividade.

   Se o objetivo da atividade tiver relação clara com o objetivo do processo, muito provavelmente você estará diante de uma atividade primária (de adição de valor).

   Nesse caso, não basta que um insumo (entrada) sofra uma transformação ao se tornar o resultado (saída) de uma atividade. É preciso que haja afinidade entre objetivos – objetivo da atividade com objetivo do processo.

   O caminho configurado pelas atividades primárias em um processo pode ser considerado como o caminho ou "fluxo de valor".

   Se pudéssemos escolher qual o caminho (cenário) que o processo vai realizar toda vez que houver uma nova instância, provavelmente, escolheríamos o caminho do fluxo de valor.

   Exemplo:

   Receber o pedido/contato de clientes e informar o resultado da solicitação – sem envolver outros passos no processo.

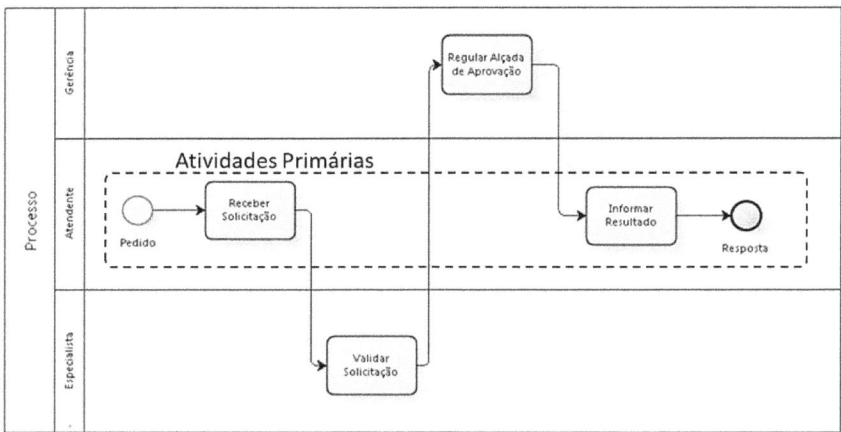

Figura 10 – Fluxo de Trabalho com Atividades Primárias

2. Atividade de Apoio

São atividades que entregam, ou passam o controle do processo para outro departamento, função, ator ou organização. Este tipo de atividade é naturalmente uma atividade geradora de trabalho e adicionadora de custos, mas que não necessariamente consegue sustentar sua permanência no processo, sendo, na maioria das vezes, forte candidata à eliminação, automação, integração sistêmica, e qualquer outra solução que seja capaz de tratar melhor este tradicional ponto de quebra e problema para o processo.

Desde a segmentação de habilidades para a divisão do trabalho, as organizações acumulam os legados de intermediação de valor.

Traduzindo. É muito comum adicionar etapas a um processo em nome de distribuição do trabalho para uma maior eficiência e eficácia. Ao analisar um processo de negócio ponta a ponta (de forma interfuncional) é bastante comum encontrar uma distribuição exacerbada de trabalhos entre atores, áreas, funções, organizações etc. Tudo em nome da especialização.

A pergunta é:

Podemos entregar o resultado do processo em uma única etapa, utilizando um único recurso, com uma única atividade em um único momento?

Não? Então, adicionaremos mais um passo... Esse é o conceito essencial da "Teoria do Um".

Se uma atividade não tem relação direta com o objetivo do processo ou com a entrega de valor para o cliente, essa não é uma atividade primária. Se é uma atividade que tenta dar continuidade ao processo entre áreas, empresas e participantes, existe uma grande chance de ser apenas uma atividade de apoio.

Exemplo:

Transferência do atendimento e geração de trabalho para outro setor da organização após avaliação inicial.

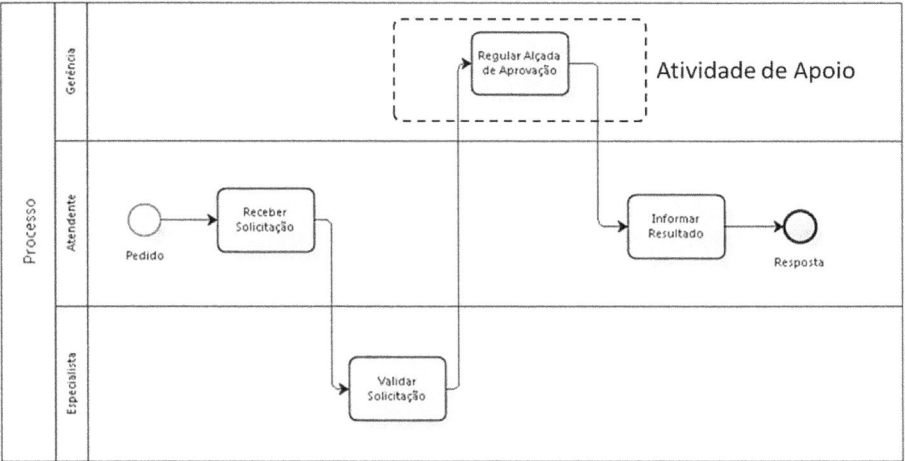

Figura 11 - Fluxo de Trabalho com Atividade de Apoio

3. **Atividade de Garantia de Qualidade**

São atividades que buscam garantir que o processo se comporte conforme foi planejado e estabelecido formalmente. Este tipo de atividade permite aos gestores e analistas a identificação de exceções e condições de ameaça ao bom andamento do processo. É bastante comum encontrar, nesse tipo de atividade, a utilização do conhecimento sobre as regras de negócio para gerar as devidas medições, que irão direcionar intervenções manuais ou automáticas.

As atividades de garantia de qualidade são muito utilizadas em processos financeiros, contábeis, operacionais, e outros processos cruciais para a organização, sendo importantes para garantia da lógica e da gestão dos processos. Porém, precisamos lembrar que a qualidade de um trabalho é um princípio inerente a sua existência. Ou seja, não deveríamos ter atividades de garantia de qualidade, pois todas as atividades estariam respeitando leis, regras, conformidades, não estariam produzindo defeitos, pessoas não cometeriam erros, fraudes etc. Já que o cenário de confiança anterior ainda não é possível, inflamos e inflacionamos nossos processos com um número cada vez maior de atividades que não têm a menor relação com os clientes e muito menos com o valor percebido, porém, ainda são necessárias e obrigatórias em alguns casos.

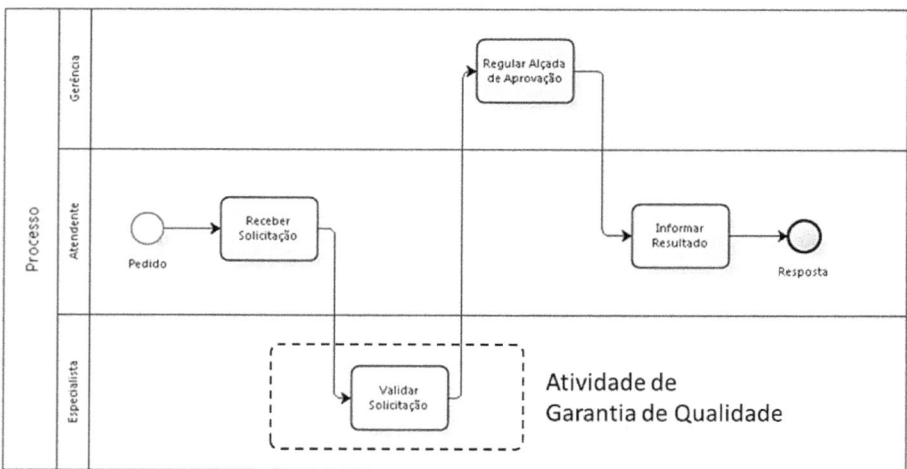

Figura 12 - Fluxo de Trabalho com Atividade e Garantia de Qualidade

É como se diz desde o início da civilização moderna:

"*Homo homini lupus*" (O homem é o lobo do homem).

Exemplo:

> Atividades que verificam o nível do atendimento aos prazos para serviços internos e de fornecedores.

Resumo

De forma sucinta, podemos considerar que os processos, independentes de sua taxonomia de valor, bem como as atividades, devem sempre ser representados com uma quantidade considerável de informações. Afinal, somente com um bom nível de detalhamento e riqueza de informações, teremos condições de produzir qualquer diagnóstico com informações relevantes para a tomada de decisão (objetivo da profissão de analista de processos).

Veremos com mais detalhes a forma de representação de processos no capítulo dedicado a sua modelagem, mas, para consolidar os conceitos até agora apresentados, vale a observação da seguinte figura.

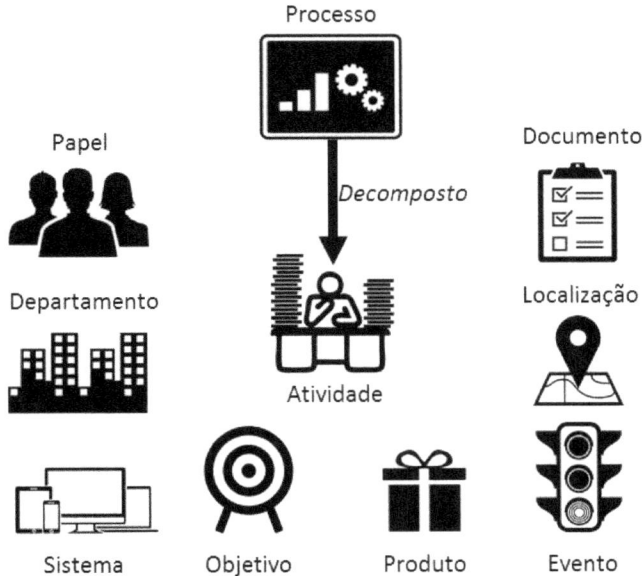

Figura 13 - Composição Essencial de Processos

A figura anterior representa de forma bastante abrangente um processo decomposto em Atividades, e cada atividade está diretamente atrelada a uma série de componentes informativos e enriquecedores do modelo de processos, sendo:

✓ **Papel**

Uma atividade é executada por um ator; consulta ou informa atores em papéis ao longo do processo;

✓ **Departamento**

Um departamento é tradicionalmente responsável por atividades e o processo ultrapassa suas dependências;

✓ **Sistemas**

Sistemas apoiam ou executam determinadas atividades do processo;

✓ **Objetivo**

As atividades devem ajudar o processo a alcançar o seu objetivo;

✓ **Documentos**

Atividades atuam diretamente em documentos ao longo do processo;

✓ **Localização**

Atividades podem acontecer em locais geograficamente dispersos e pertencerem ao mesmo processo;

✓ **Produtos**

As atividades consomem insumos e produzem produtos do processo;

✓ **Eventos**

Atividades são iniciadas e desviadas por eventos do processo e também podem iniciar outros eventos.

Capítulo 2

Entendimento Estratégico Essencial

"Gerir é fazer as coisas direito. Liderar é fazer as coisas certas."
Peter F. Drucker

Antes de começar a leitura deste capítulo, é importante que o leitor tenha em mente o objetivo maior deste livro: auxiliar profissionais e estudantes na sua capacitação profissional como analista de processos. Sendo assim, o que irei apresentar sobre entendimento estratégico é bastante essencial, mas, ao mesmo tempo, deve promover o correto entendimento sobre a importância de se alinhar os processos organizacionais com as estratégias estabelecidas.

É de conhecimento comum para os envolvidos com os conhecimentos das esferas executivas e estratégicas das organizações que, responder às perguntas mais simples, normalmente, é o trabalho mais difícil.

Pode parecer um pouco contraditória a constatação, e até mesmo um tanto quanto ilógica, mas se considerarmos que as perguntas mais simples podem ser profundas, e que para responder perguntas profundas, se faz necessário um trabalho de autoanálise organizacional que precisa ser extremamente franco e muitas vezes desconfortável, esta constatação passa a fazer mais sentido.

Peter F. Drucker possui livros e materiais avulsos com abundância no mercado e vale ressaltar ao leitor a sua importância na moderna administração. Acredito que é essencial para qualquer profissional da área a leitura de alguns dos seus livros e artigos.

Neste capítulo do livro, irei apresentar aos leitores uma das mais interessantes, simples e poderosas ferramentas propostas por Peter F. Drucker – As Cinco Perguntas Essenciais.

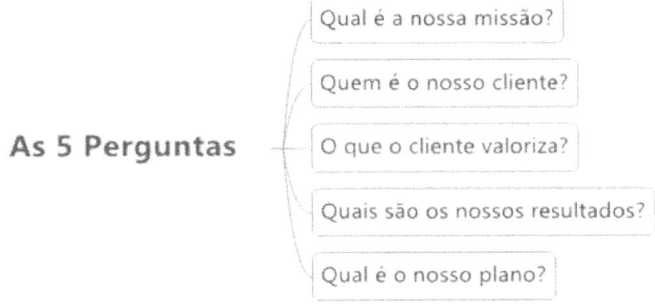

As Cinco Perguntas Essenciais

As perguntas surgiram há quase duas décadas e foram descritas por Drucker – à época – sob a ótica de organizações do setor social, mas são tão relevantes e atuais que podem ser utilizadas hoje em dia por praticamente qualquer tipo de organização.

O objetivo de responder cada uma dessas perguntas é promover uma autoavaliação estratégica organizacional, e conforme Drucker um dia disse:

"As respostas são importantes; você precisa delas para promover ações. Mas a coisa mais importante é fazer essas perguntas".

1. Qual é a nossa missão?
2. Quem é o nosso cliente?
3. O que o cliente valoriza?
4. Quais são os nossos resultados?
5. Qual é o nosso plano?

De maneira sucinta, a seguir teremos uma compreensão geral sobre cada uma das perguntas propostas por Drucker.

1. Qual é a nossa missão?

O objetivo principal desta pergunta é proporcionar um entendimento completo sobre o real motivo de existência da organização. A real missão da organização pode estar mascarada ou encoberta pela forma como as coisas ocorrem. A missão de uma organização deve ser inspiradora e não pode ser impessoal. Ela precisa ter um significado maior, e é responsabilidade da liderança garantir o conhecimento, a compreensão e a vivência da missão pela corporação.

A missão pode ser perene, enquanto os processos, normas, estratégias, táticas, estruturas e métodos mudam com certa constância e de acordo com as pressões das novas realidades. Uma boa declaração de missão deve sempre retratar oportunidades, competências e comprometimento.

2. Quem é o nosso cliente?

Esta é uma daquelas perguntas que a maior parte das pessoas irá afirmar que sabe a resposta, porém, ao se trabalhar a definição "quem é o cliente da organização", teremos uma grande quantidade de respostas, e com os mais diversos teores.

Existem diversos autores que tratam de técnicas para a definição de clientes e, mais ainda, a sua categorização por valor.

Sob a ótica da categorização por valor, é importante que seja identificado quem é o cliente principal – ou de maior valor – e com isso estabelecer foco e priorização de ações na conquista e manutenção dos clientes alvo.

Já sob a ótica mais elementar do gerenciamento de processos de negócio, o cliente principal está diretamente relacionado às entregas realizadas pelos processos de negócio e, dessa forma, este conceito de cliente principal ainda é pouco conhecido pelos profissionais sem envolvimento ou conhecimento em estratégias de relacionamento.

Lembrando que, como o mercado é muito dinâmico, a constância com a qual a organização precisa responder essa pergunta é cada vez maior – pois, como sabemos, a mudança é constante e inevitável.

3. O que o cliente valoriza?

Sabendo quem é o cliente, considere que um negócio não precisa criar grandes movimentos para agradar todos os tipos de clientes, mas, invariavelmente, precisará encantar os seus clientes alvo.

Basicamente, o sucesso da organização depende da sua contribuição direta para o sucesso de seus clientes.

A resposta a esta pergunta deve vir da resposta dos clientes. Não cabe à organização tentar adivinhar, sendo o ideal cruzar as suposições organizacionais com as respostas recebidas dos clientes. Esse resultado tende a iluminar o caminho para o maior entendimento sobre o que os seus clientes valorizam. A definição de valor por parte do cliente é tão variável quanto o grupo que ele faz parte, mas é importante ratificar a necessidade de coleta dessas informações, e é com elas que a organização começa a adquirir uma capacidade cada vez maior de criação de serviços e produtos mais atraentes e rentáveis.

4.   Quais são os nossos resultados?

É de vital importância uma avaliação real sobre os resultados alcançados por uma corporação e, que pela ótica da quarta pergunta de Drucker, podemos viabilizar uma avaliação basicamente considerando medidas qualitativas e quantitativas.

Medidas qualitativas dizem respeito ao alcance e à profundidade das mudanças promovidas pelos produtos e serviços da organização.

Medidas quantitativas procuram utilizar padrões de resposta que sejam definitivos e objetivos, servindo diretamente para uma avaliação de uso de recursos. Sendo assim, teremos diversas métricas, medidores e indicadores para cada uma das medidas propostas nesta pergunta.

5.   Qual é o nosso plano?

O resultado da resposta às quatro perguntas anteriores deve proporcionar um entendimento avançado sobre a organização dentro deste processo de autoavaliação. Este entendimento deve ajudar na definição de metas organizacionais, e estas metas precisam deixar muito evidente para a gestão onde serão concentrados os recursos necessários para a sua realização efetiva.
O processo de planejar deve cobrir a tradução de metas estratégicas em ações realizáveis e controláveis – sem perder a clareza sobre o motivo pelo qual tudo está sendo feito: o cliente.
Por que falei sobre as cinco perguntas até agora?
Considerando que a visão geral sobre a importância do alinhamento estratégico é uma necessidade real para qualquer iniciativa de gerenciamento de processos de negócio, a sucinta apresentação sobre as cinco perguntas de Drucker pretender trazer a tona a sua mais imediata aplicação prática:

O alinhamento dos processos com as estratégias organizacionais.

Ainda é muito comum encontrar iniciativas e projetos de gerenciamento de processos de negócio sem qualquer vínculo ou compreensão da estratégia organizacional. Por muitas vezes essa falha é atribuída à dificuldade de envolvimento da camada executiva das organizações. Ou seja:

Não se faz o alinhamento dos processos com relação aos elementos estratégicos organizacionais essenciais, pois se acredita – erroneamente – que, pelo processo ser essencialmente "funcional", não há qualquer relação direta estabelecida com a estratégia. Isso está errado.

Conforme pretendo apresentar ao leitor, não existe atividade ou processo que não produza impacto no cliente, e pior ainda, que não atrapalhe ou destrua a sua percepção de valor.

Considerando que criar e manter os seus clientes são os maiores objetivos das organizações, qual seria a importância do alinhamento dos seus processos com as estratégias?

Para o Analista de Processos, o entendimento da estratégia organizacional é de extrema importância, e cabe a ele promover essa percepção nas camadas superiores, pois sem o devido envolvimento destas, muito provavelmente, as informações não serão divulgadas, as estratégias não serão entendidas, não serão formalmente documentadas, e consequentemente, os processos terão uma preciosa liberdade de direção.

O mais importante resultado de uma análise é compreender a direção que o processo deveria ter e os problemas e lacunas encontradas na sua realização.

Com essa informação, o profissional terá total condição de projetar melhorias nos processos e, mais ainda, melhorias orientadas pelas estratégias organizacionais, não apenas melhorias gerenciais, operacionais e setoriais.

A autoavaliação por meio dessas cinco perguntas essenciais deve sempre levar à ação, e por isso mesmo, perde o sentido realizá-la e não agir.

Lembre-se, no mundo voraz e competitivo dos negócios atuais, um cliente é alguém que sempre precisamos satisfazer. Caso contrário, não haverá resultado real sobre os esforços.

O real valor do que produzimos nas organizações não está definido apenas no que a administração do negócio acredita mas, principalmente, no que o cliente do negócio percebe ao utilizar os produtos e serviços.

Identificação e Documentação da Estratégia

O Analista de Processos deve procurar coletar o máximo de informações possíveis sobre a camada estratégica da organização. É evidente que nem toda iniciativa permitirá tal ação, mas faz parte do escopo do trabalho do profissional promover a sua importância e adesão por parte da gestão e alta direção das organizações.

Ao iniciar o trabalho de identificação e documentação dos elementos estratégicos, é importante que o analista de processos tenha acesso aos profissionais necessários para a coleta das informações, podendo envolver alta administração, gestores, analistas de negócio, especialistas, facilitadores, profissionais de TI e até mesmo os clientes.

O grau de envolvimento e entrega de cada um dos participantes anteriormente apresentados não é apenas um reflexo da relevância do projeto ou iniciativa, mas também uma evidência direta da capacidade de envolvimento e entendimento dos patrocinadores do projeto/iniciativa e das lideranças diretamente envolvidas.

Além disso, é preciso que o profissional trabalhe as barreiras mais comuns às iniciativas de melhoria e gerenciamento de processos, como comprometimento muito variável e condicional por parte dos outros colaboradores da organização, dificuldade de entendimento e aceitação da mudança, dificuldade em demonstrar os resultados, entre outras.

É muito comum, devido a uma série de fatores, mas principalmente pela quantidade de esforços corporativos que não tiveram continuidade, ou não comprovaram resultado, que as pessoas envolvidas sem uma adesão verdadeiramente "voluntária" considerem a iniciativa de BPM como algo do tipo: "É mais uma moda corporativa". "Isso é muita teoria, na prática não funciona."

Novamente, é atribuição do Analista de Processos – gradativamente – e com muito cuidado, trabalhar essa percepção errônea, mas compreensível, de que isso tudo é apenas "mais do mesmo".

Esse tipo de habilidade é algo que deve ser desenvolvido no profissional de processos, pois uma das principais características da profissão é a constante necessidade de convencimento por meio de fatos e amadurecimento da prática. Os desafios são diários e motivantes.

Estruturas das Organizações

Para facilitar o entendimento sobre o funcionamento organizacional, a sua cultura, os seus processos, e seus métodos, é muito importante que o analista de processos compreenda algumas estruturas elementares de configuração organizacional.

Seguindo o contexto do objetivo maior deste livro, a seguir veremos três variações bastante adotadas pelo organizações atuais, sendo:

- **Estrutura Funcional**
- **Estrutura Divisional**
- **Estrutura Matricial**

Estrutura Funcional

As organizações geridas por estruturas funcionais clássicas são adeptas do método de divisão de trabalho com base na especialização.

Esse tipo de estrutura permite e se sustenta por meio de hierarquias simples e com grande capacidade de coordenação, porém, devido ao alto grau de relacionamento e dependência na tomada de decisão, o seu tempo de resposta às necessidades de mudança pode ser seriamente comprometido.

Tradicionalmente, esse modelo é encontrado e adotado por organizações que vivem uma realidade operacional e de marketing com poucos produtos e serviços. A seguir uma representação da estrutura funcional clássica.

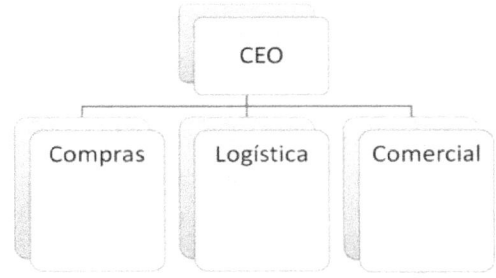

Figura 14 - Estrutura Funcional

Estrutura Divisional

As organizações geridas por estruturas divisionais tendem a seguir e promover a sua segmentação gerencial e operacional com base em seus produtos, localização e clientes. Uma das principais características desse tipo de estrutura é a sua evidente descentralização da tomada de decisão, e devido a essa mesma característica, possui custos mais elevados em sua realização e uma grande complexidade na coordenação de suas atividades diárias. A seguir, a representação de uma estrutura divisional.

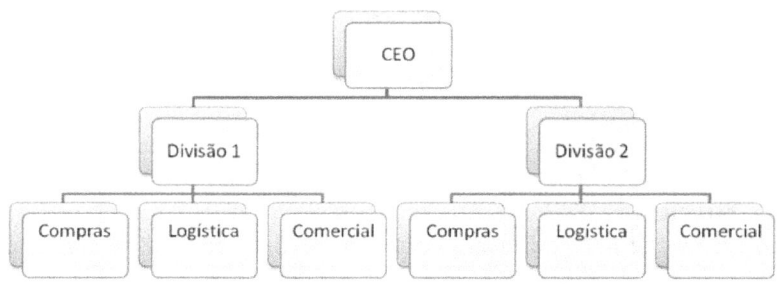

Figura 15 - Estrutura Divisional

Estrutura Matricial

As organizações geridas por estruturas matriciais são organizações adeptas de uma gestão mais flexível e moderna – em geral decorrente da grande adesão à prática de gerenciamento de projetos corporativos e seus escritórios de âmbito organizacional.

Essa estrutura é caracterizada basicamente pela definição e adoção de dois eixos principais: o eixo funcional e o eixo de projeto. Tal característica é muito importante para o efetivo e eficiente compartilhamento de recursos pela organização, distribuindo-os conforme as necessidades dos projetos. Porém, essa mesma característica benéfica pode gerar conflitos de interesse e hierárquicos, devido a possíveis eventos de dupla subordinação. A seguir, a representação de uma estrutura matricial.

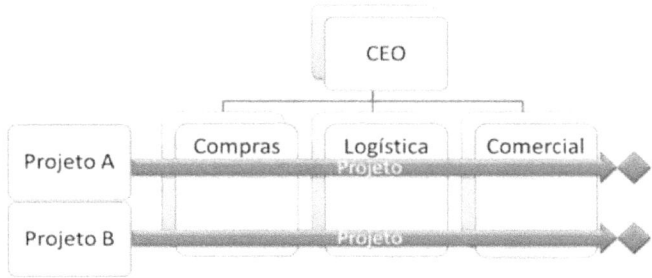

Figura 16 - Estrutura Matricial

Considerando as três estruturas organizacionais apresentadas, devemos concluir que nenhum dos modelos possui explicitamente a sua compreensão de processos ponta a ponta. Ou seja, nenhuma das estruturas anteriores contempla ou prevê a sua gestão sendo realizada com base nos processos que realizarão os trabalhos organizacionais para a entrega de produtos e serviços aos clientes (processos de negócio).

É com esse entendimento que iremos avançar para a configuração de uma nova arquitetura organizacional, uma arquitetura que é totalmente baseada em "como" as coisas acontecem, e ainda mais, é uma arquitetura que não propaga a visão isolada e desconexa das camadas funcionais. A seguir, veremos uma proposição clássica para uma arquitetura orientada a processos.

Atores da arquitetura orientada a processos
Para o estabelecimento efetivo de uma arquitetura orientada a processos, algumas premissas se fazem necessárias:

o   Consenso corporativo sobre o que são processos de negócio
o   Donos de processos
o   Documentação dos processos
o   Definição clara da produção de valor
o   Certeza da influência que um processo tem sobre outro
o   Entendimento sobre as habilidades necessárias aos processos

o   Percepção da qualidade de realização de cada processo

o   Medição do desempenho dos processos

o   Decisões baseadas em desempenho dos processos

Estrutura por Processos

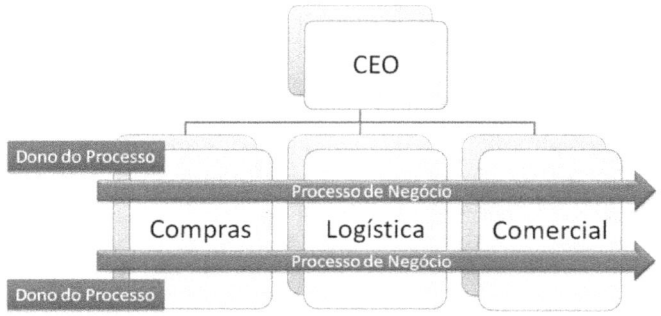

Figura 17 - Estrutura por Processos

Além das premissas até aqui apresentadas, para o estabelecimento de uma organização baseada em processos, alguns novos atores/papéis são necessários:

Dono de Processo
É o responsável direto pelo resultado final do processo. Esse papel pode ser atribuído a um indivíduo ou até mesmo a um grupo.
Quando a organização possui maturidade suficiente no tema gestão por processos, encontramos com certa facilidade a função de dono de processo sendo exercida por lideranças executivas.
Quando a organização ainda não alcançou a maturidade suficiente em gestão por processos, ou, por outro motivo, não é viável atribuir a função de dono de processo à uma única pessoa, é bastante comum encontrar grupos de executivos e gestores atuando juntamente em "comitês de processo". Esses comitês se tornam os responsáveis pelo resultado do processo.

A função de dono de processo não é encarada como um cargo, mas sim uma atribuição adicional de uma função já existente. Pelo menos até o momento. Por diversas questões, inclusive legais e trabalhistas, muitas organizações não utilizam o termo "dono", mas criam alternativas com significado semelhante, tais como líder, executivo de processos etc.

Gerente de Processos
É o responsável pelo acompanhamento de resultados de processo. Pode ser um gerente funcional agindo como gerente de processo interfuncional, como pode ser um gerente de processo unicamente funcional. Não existe exatamente um único modelo, mas encontramos com bastante regularidade configurações próximas ao citado anteriormente.

É bastante comum ter um gerente de processo que é gerente de uma área funcional, mas, ao mesmo tempo, exerce a função complementar de gerente de um processo fora de sua área, talvez até de forma temporária, lembrando bastante a função de gerente de projeto. Nesse caso, e durante muito tempo, essa atuação foi conhecida como gerente de projeto de processo. Um fato comum em todos os casos anteriores. Gerentes de processos se reportam a donos de processos para prestação de contas e apresentação de resultados.

Considerando o nível de medição e importância dos indicadores, podemos dizer que o dono de processo responde pelo resultado de indicadores de desempenho organizacional (ou indicadores chave de desempenho). Já os gerentes de processo respondem pelo resultado de indicadores de desempenho de nível tático/operacional.

Analista de Processo
É o profissional responsável pela produção de diagnósticos e criação de melhorias nos processos. Ou seja, um profissional envolvido desde a descoberta da causa de problemas, até a proposição de melhorias e transformações.

Quando está atuando na produção de diagnóstico, é envolvido com o estado atual de partes fracionadas da organização – chamados de processos *As Is*. Quando está projetando melhorias, é envolvido no projeto de versões futuras desses processos, chamados de processos *To Be*.

É um profissional com grande capacidade analítica, agilidade de pensamento, capacidade de síntese e, principalmente, habilidades humanas para lidar com o público em geral.

Normalmente, o analista de processos é envolvido em praticamente todas as fases de um ciclo de vida de gerenciamento de processos. Entretanto, sua atuação se mostra mais impactante e relevante em ações específicas de levantamento, documentação, análise, diagnóstico, modelagem, automatização, integração e projetos de melhoria de processos.

Certamente, e sem medo de parecer tendencioso, posso dizer que essa é uma das funções mais fascinantes no vasto e rico universo do gerenciamento de processos de negócio.

Arquiteto de Processos
É o profissional envolvido na criação e manutenção da arquitetura de processos organizacionais, garantindo a sua evolução frente a modelos de referência, padrões, métodos e resultados de iniciativas de gerenciamento de processos de negócio.

Um arquiteto de processos trabalha na configuração horizontal da cadeia de valor das organizações. É responsável por criar e manter viva a biblioteca de processos organizacionais. Normalmente, a função de arquiteto de processos é exercida por analistas ou gerentes de processos com muita experiência e conhecimento teórico da disciplina, notações, técnicas, tecnologias e métodos.

Imaginando uma atuação vertical do profissional de processos, podemos entender que o arquiteto de processos é o responsável pela definição de questões técnicas de um escritório de processos, deixando com o analista a realização das ações práticas específicas do método e com o gestor atuação como o "executivo" responsável pelo resultado geral do escritório de processos.
Além disso, um arquiteto de processos precisa se preocupar com a rastreabilidade de impacto entre processos. Ou seja, precisa saber qual o impacto de determinada mudança no processo considerando sua interligação com os demais processos que caracterizam a nova cadeia de valor da organização.

Dada à maturidade organizacional brasileira em relação à adoção da disciplina de BPM, o arquiteto de processos, até o momento, ainda é pouco encontrado no mercado nacional, e, por isso mesmo, uma função muito promissora em um futuro próximo.

Analista de Negócio
Antes de falar sobre a função de analista de negócio, gostaria de tratar rapidamente do tema "análise de negócio", por isso, segue uma sucinta contextualização:

Análise de Negócio é focar na eliminação de pontos de erro (equívocos) na definição dos requisitos para proposição de melhorias (TI ou não).
É uma abordagem que está diretamente relacionada à permanência dos Silos Funcionais e da sua constante necessidade de elucidação de entendimentos.

Voltando a função de analista de negócio, é importante dizer desde já, que, o conjunto de conhecimentos relacionados ao tópico é melhor definido no documento BABOK do IIBA (*International Institute of Business Analysis*). Porém, para não fugir ao tema e responder a inevitável pergunta: qual a diferença entre analista de processos e o analista de negócios? Vamos à explicação.

O Analista de Negócio é o profissional com as habilidades necessárias para angariar e traduzir as necessidades das partes interessadas – unidades de negócio e áreas funcionais. Além disso, pode apoiar a análise de cenários do negócio e a proposição de melhorias em sistemas, processos etc.

Tradicionalmente, o foco está na tradução das necessidades das áreas e suas percepções sobre as melhorias no negócio e tecnologias de apoio.

Como vimos anteriormente, o analista de processos é o profissional com as habilidades necessárias para promover a visão horizontal e interfuncional dos processos com orientação ao propósito do negócio, cuidando dos processos primários, de gerenciamento e de suporte.
Pode-se dizer que um Analista de Processos tem por missão auxiliar os donos e gestores de processos no diagnóstico e na proposição de melhorias contínuas.

A ideia é que o foco do trabalho esteja nos processos interfuncionais e com foco do cliente.

Sendo assim, e para encerrar essa breve contextualização, apresento a seguir outros possíveis pontos de interesse sobre o tema:

- Para ser Analista de Processos é essencial conhecer BPM;
- Para ser Analista de Negócios não é necessário conhecer BPM;

- Um Analista de Negócio não precisa conhecer modelagem de processos com BPMN;
- Um Analista de Processos precisa conhecer muito bem BPMN;

- Um Analista de Negócio não precisa conhecer ferramentas de automatização, gestão e monitoramento de atividades de processos (BPMS).
- Um Analista de Processos precisa conhecer, ao menos, o funcionamento essencial de um BPMS;

- Tanto o Analista de Negócio, quanto o Analista de Processos, não precisam ser "pessoas de TI";

- Uma melhoria de processos é bastante representada na forma de processo;
- Uma melhoria de negócio pode ser representada de diversas formas;
- Uma melhoria de processos, que utiliza BPMS, será executada e gerenciada exatamente conforme as atividades definidas no processo descrito em sua situação futura (*To Be*);
- Uma melhoria de negócio tradicional poderá demandar desenvolvimento de software;
- Uma melhoria de processo com BPMS permite que "o pessoal do negócio" especifique, valide e publique para execução sistêmica a nova realidade do processo – sem desenvolvimento de novo software em boa parte das vezes.

Patrocinador (Alta Gestão)

O patrocinador das iniciativas de gerenciamento de processos de negócios deve definir a visão e a direção de BPM dentro da organização e alocar recursos para as atividades e ações necessárias. É um elemento de extrema importância, e a sua indefinição ou inexistência pode significar a descontinuidade ou insucesso das iniciativas.

Mesmo com todos os elementos da nova arquitetura definidos, disponíveis e atuantes, uma das maiores dificuldades para a obtenção de resultados, a médio e longo prazo, é a descontinuidade de esforços por parte das organizações. Assim como na gestão de projetos, a maturidade corporativa comprova que o estabelecimento de um escritório de processos pode ser uma ótima alternativa para garantir que a gestão e a melhoria dos processos corporativos se mantenham na prática da organização.

Outro ponto importante sobre o patrocinador é que, normalmente, a forma de patrocínio mais importante é a mais ausente. Essa forma se chama "patrocínio político". Além do apoio financeiro e de outros recursos, é essencial para a organização que o patrocinador garanta o apoio/incentivo político para que a iniciativa de BPM se torne "Cultura" de BPM. Sem isso, tudo será tratado como projeto temporário, e, por isso mesmo, corre grande risco de não ter a devida importância.

Especialista

Colaborador que exerce um papel importante e diretamente envolvido em iniciativas de melhoria. Tradicionalmente são profissionais com grande conhecimento em determinadas ferramentas da organização, ambiente e particularidades do negócio e outras especializações.

As descrições de funções anteriormente apresentadas foram baseadas em experiências internacionais, mas, principalmente, na experiência do mercado brasileiro. Obviamente, todas estão amplamente amparadas pelas definições existentes no BPM CBOK v3.0. Porém, caro leitor, lembre-se; nada disso é um dogma, e por isso mesmo, de organização para organização, veremos saudáveis e até intrigantes variações. Não se assuste.

Concepção Estratégica Essencial

Considerando que este livro não tem o foco de ser um material sobre gestão estratégica específica, a ideia central deste capítulo é permitir ao leitor uma compreensão comum da importância do envolvimento estratégico quando for falar e cuidar de processos.

O objetivo aqui é deixar bastante evidente que não é suficiente mudar processos somente com o foco na sua melhor forma de operação, pois a melhor operação, não necessariamente remete a um resultado estratégico satisfatório. O profissional de processos precisa ter esta certeza, e mais ainda, precisa levar em seu discurso diário nas organizações que, o seu trabalho deve transpor as barreiras funcionais e operacionais. É cada vez mais urgente a necessidade de se conversar sobre os processos da organização envolvendo diretores e executivos e assim começar a entender e aplicar a visão estratégica no alinhamento e melhoria dos processos.

Existem diversas ferramentas especializadas para a realização do trabalho mais estratégico, e todas propiciam um grande avanço corporativo em direção a uma postura mais proativa e menos reativa. Como forma de ajudar na jornada de desenvolvimento de um levantamento estratégico inicial, vamos considerar duas abordagens bastante conhecidas e utilizadas no mercado nacional e internacional, sendo:

✓ Análise de SWOT
✓ *Balanced Scorecard*

Para desenvolver um levantamento estratégico é essencial a análise de oportunidades externas e suas ameaças, entender como é possível transformar as oportunidades em negócio e definir os passos necessários para a neutralidade das ameaças.

Análise de SWOT

A análise de SWOT é uma ferramenta bastante comum e utilizada mundialmente na realização de análises de cenários estratégicos. A sigla SWOT é um acrônimo na língua inglesa para Forças (*Strengths*), Fraquezas (*Weaknesses*), Oportunidades (*Opportunities*) e Ameaças (*Threats*).

Basicamente, a análise de SWOT procura realizar uma avaliação de cenários de negócio, considerando especificamente a visão interna (Pontos Fortes e Fracos) e a visão externa (Oportunidades e Ameaças).

Vamos entender melhor cada um dos elementos de SWOT.

Perspectiva Interna

a.   **Pontos Fortes** (*Strengths*)
Deve ser entendido como algo que está sendo feito satisfatoriamente, utilizando as competências e capacidades internas da organização. Normalmente evidencia uma vantagem competitiva sobre a concorrência e denota algo que a organização faz bem.

Exemplos:

✓ Disponibilidade de recursos financeiros

✓ Produtos inovadores e exclusivos

✓ Uso de tecnologias modernas e ágeis

b. **Pontos Fracos** (*Weaknesses*)

Deve ser entendido como algo que está ruim, ou sendo realizado de forma insatisfatória, e evidenciado como uma desvantagem em relação à concorrência. É uma forma de definir o que está errado e que pode ser melhorado.

Exemplos:

- ✓ Tecnologia obsoleta e lenta nas atualizações

- ✓ Poucos recursos disponíveis

- ✓ Equipe pouco capacitada

Perspectiva Externa

a. **Oportunidades** (*Opportunities*)

Deve buscar retratar o potencial de crescimento e novas oportunidades de negócios, além de considerar tendências de mercado, mudanças de hábitos do público-alvo, mudanças, políticas e diversos outros fatores.

Exemplos:

- ✓ Criação de novos produtos

- ✓ Mudanças nas políticas comerciais

- ✓ Atendimento a outras classes sociais

b.   Ameaças (*Threats*)

Essencialmente caracterizadas como fatores externos à organização e que podem gerar perdas e quedas nos resultados, sendo por muitas vezes decorrente de mudanças políticas, tecnológicas e produtos substitutivos.

Exemplo:

✓   Novos concorrentes de baixo custo

✓   Mudanças cambiais desfavoráveis

✓   Mudanças nos desejos e necessidades dos clientes

Como resultado do trabalho de análise de SWOT, a organização consegue ter os insumos necessários para o estabelecimento de estratégias que traduzam formas de: manter ou ampliar sua posição e participação no mercado, eliminar ou reduzir o impacto das suas fraquezas internas, aproveitar melhor as oportunidades externas que foram identificadas e evitar ou reduzir o poder das ameaças externas.

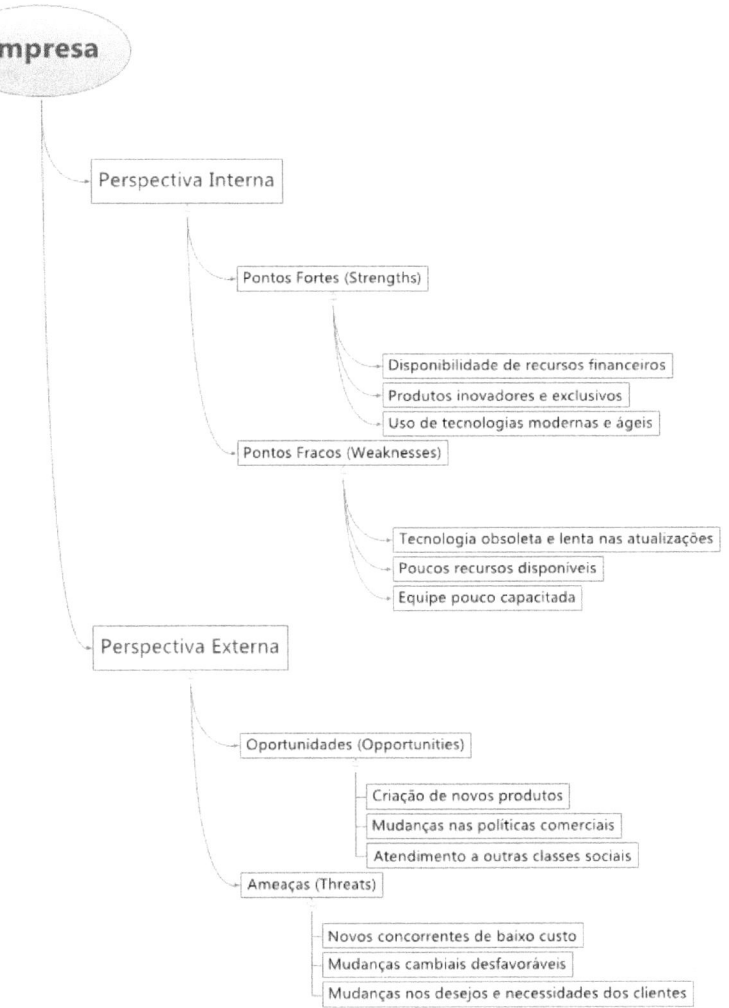

Balanced Scorecard

O *Balanced Scorecard*, ou Indicadores Balanceados de Desempenho, é um método de medição e gestão de desempenho corporativo desenvolvido em 1992 pelos professores da *Harvard Business School*, Robert Kaplan e David Norton. De acordo com BSC, a missão e a visão da organização precisam ser traduzidas em elementos reais e pragmáticos, refletindo os interesses, necessidades e expectativas de seus *stakeholders*.

Esses elementos formam as quatro perspectivas essenciais:

✔ **Perspectiva financeira**
Representa como a estratégia está contribuindo para a melhoria dos resultados financeiros da organização.

✔ **Perspectiva clientes**
Verifica se a proposição de valor da organização para os clientes está sendo traduzida em resultados como satisfação, conquista e retenção dos clientes, bem como sua participação no mercado.

✔ **Perspectiva de processos internos**
Evidencia se os processos de negócio da cadeia de valor da organização estão contribuindo para a geração de valor para os clientes e ainda atingem os objetivos financeiros.

✔ **Perspectiva aprendizado e crescimento**
Verifica se o capital cultural dos colaboradores e das áreas de negócio contribui nas três perspectivas anteriores.

Visão e Estratégia

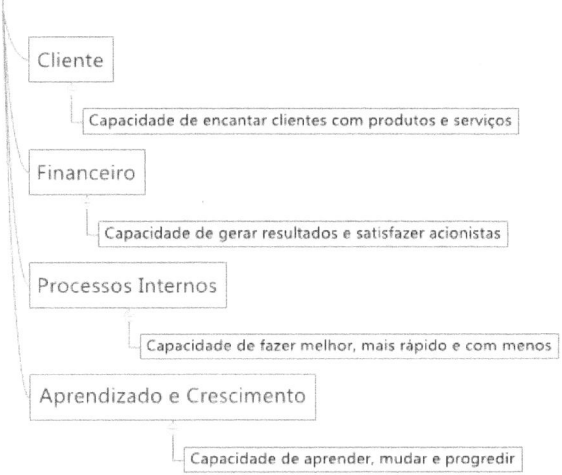

Atualmente novas perspectivas já foram adicionadas ao BSC, refletindo a realidade do mercado e as novas necessidades corporativas mas, nesse momento, o importante é entender que o objetivo do BSC é o de promover o alinhamento estratégico com as ações reais e operacionais, sendo realizado por meio de esclarecimento e tradução da visão e da estratégia corporativa, estabelecendo as relações de causa e efeito entre os resultados e os seus vetores de desempenho. Outro importante ganho da adoção do BSC está na melhoria da capacidade de comunicar e associar os objetivos e as medidas necessárias para o seu alcance, envolvendo os colaboradores na sua realização maior, gerando o tão necessário comprometimento entre as equipes.

Para encerrar este sucinto texto sobre BSC, gostaria de deixar um trecho de uma declaração de Kaplan e Norton:

"A chave para a transformação é inserir a estratégia no centro do processo gerencial. No entanto, é impossível executar a estratégia sem antes compreendê-la, e não há como compreendê-la sem primeiro descrevê-la."

A seguir, apresento um texto para reflexão. Leia-o com calma, e para os mais "organizacionalmente experientes", busque identificar na sua vivência as situações aqui citadas. O objetivo do texto é provocar uma reação, e cada leitor tem o dever de chegar a sua própria conclusão.

A Estratégia, a Gestão e a Operação

* O quanto uma organização ainda pode crescer dentro de seu mercado?
* Qual o valor real de cada cliente?
* Qual a participação da organização no mercado alvo?
* De que forma a organização deve se relacionar com seu público-alvo?
* Como conquistar e manter os melhores clientes?
* Como saber quais são os melhores clientes?
* Como alinhar e gerir a estratégia de relacionamento com os clientes e os seus processos viabilizadores?
* Qual a melhor tecnologia para apoiar a remodelada operação?

Estes são apenas alguns poucos e simples exemplos de perguntas e definições que as organizações devem se perguntar.

A verdadeira, estruturada e dinâmica gestão dos processos que suportam a estratégia de relacionamento com os clientes é uma realidade para poucas e inovadoras organizações e, sem dúvida, uma necessidade latente e incontestável para a maior parte do mercado mundial – independentemente do porte e indústria que a organização faça parte. Há algum tempo venho pesquisando, trabalhando e estudando sobre como criar um alinhamento efetivo e gerenciado entre a camada mais estratégica das organizações e a sua operação diária.

Não vou falar das técnicas e métodos que surgiram nas últimas décadas, pois como pude constatar – estudando e atuando no cotidiano das organizações e seus processos – a verdade é que, entre a estratégia definida, a sua operacionalização e a gestão, em algum momento do caminho, este importante elo se perdeu completamente.
Fato:

As organizações continuam elaborando estratégias e diretrizes de negócio excelentes, mas também continuam extremamente inábeis para gerir e garantir a sua realização.

Sei que muitos poderão se incomodar e até mesmo discordar do que eu disse. Não sou o dono da verdade, e claro, é direito seu ter outra opinião mas, para lhe ajudar a entender melhor o meu ponto de vista, vou lhe fazer uma pergunta:

Você conhece alguma organização que REALMENTE realiza as definições estratégicas em seu cotidiano de forma VISÍVEL, CONTROLADA, MEDIDA e facilmente MUTÁVEL?

Antes de me responder, vamos estabelecer alguns conceitos existentes nessa minha pergunta:

REALMENTE: posso dizer que é equivalente a algo definido e feito de forma prática, realista e viável – algo que vai muito além das reuniões e divagações estratégico-filosóficas.

VISÍVEL: é quando a gestão enxerga a mais pura realidade da operação – nada parecido com a miopia gerencial que encontramos no dia a dia, ou mesmo aquela "perfeita" perspectiva isolada que os gerentes possuem sobre a "sua" equipe e o trabalho por ela realizado.

CONTROLADA: sabe quando definimos algo ótimo no papel (diagrama, modelo, *post-it*, memorando, norma etc) e, quando vamos colocar em prática, no dia seguinte já não funciona conforme o definido? Isso é algo que não está nem perto de ser realmente controlado.

MEDIDA: quais os indicadores de resultado ou desempenho que estão sendo monitorados? Quem os definiu? De que forma? Como se bonifica algo na organização? Estamos apurando – efetivamente – a quantidade de trabalho realizado, ou o resultado apurado desse trabalho? Se algo não pode ser medido... Muito provavelmente erramos na definição do conceito, do objeto, ou da forma que deveria ser medido.

MUTÁVEL: os processos/atividades de apoio, gestão e negócio podem sofrer mudanças conforme a necessidade da organização, ou escrevemos tudo em pedra? Cada vez que algo precisa mudar, o seu tempo total para a mudança praticamente a inviabiliza? Isso é algo longe de ser considerável mutável.

Agora, com os conceitos estabelecidos, vou perguntar mais uma vez:

Você conhece alguma organização que REALMENTE realiza as definições estratégicas em seu cotidiano de forma VISÍVEL, CONTROLADA, MEDIDA e facilmente MUTÁVEL?

Tendo a imaginar que você respondeu que não conhece, e se você respondeu que conhece – por favor, me diga como faço para conhecer este raríssimo espécime. A prática nos mostra que as organizações ainda têm muita dificuldade na realização da estratégia definida, pois, quando saímos da sala de reunião, as atividades do dia a dia continuam nos consumindo em tarefas menores e repetitivas, são muitos os problemas operacionais e os terríveis "incêndios" reincidentes que precisamos apagar. Ainda temos um equivocado orgulho em demonstrar que nos matamos de tanto trabalhar naquele determinado dia.

E você sabe do pior? Aquele dia foi exatamente igual ao anterior. E como será amanhã? Será que os problemas milagrosamente desaparecerão? Eu posso apostar que não.

É muito comum nas definições estratégicas errarmos na precisão, e pior ainda, não considerar a real necessidade de capacitação de pessoal, de investimento e tecnologia de apoio, do verdadeiro tempo necessário para alcançar alguns dos objetivos.

Lembrando que uma organização é feita de pessoas, podemos intuir que essa dificuldade é nossa. Nós, profissionais, precisamos nos capacitar e adquirir o saudável hábito de RACIOCINAR.

Outro ponto muito importante, e quase um lembrete:

A partir do momento que dependemos exclusivamente da memória para nos lembrar de como deve ser feita uma atividade, e da boa vontade de um colaborador para realizar esta atividade conforme definida, realizar o processo que atende à determinada definição estratégica é praticamente um jogo de azar.

Mas tenho uma boa notícia: o alinhamento entre a estratégia, a gestão, e a operação é possível.

Não tenho a pueril pretensão de definir aqui uma fórmula mágica e incontestável, mas, como profissional e estudioso do assunto, devo dizer que – finalmente – estamos caminhando para a realização diária de boa parte da teoria existente. Tenho participado e vivenciado projetos que não se parecem mais com muitos outros anteriores. As organizações estão amadurecendo. Não tenho visto tanta venda de gestão travestida de software, e vice-versa.

Hoje, eliminando os "profetas" e oportunistas que insistem em vender softwares que resolvem tudo, tenho percebido uma salutar descrença no imediatismo de resultados. Estamos vivenciando projetos que nascem com previsão mais realistas de retorno. Essa é a primeira evidência desta maturidade.

Gostaria de finalizar dizendo que, somente quando os profissionais, e principalmente, os consultores, tratarem o assunto com a devida seriedade, teremos uma VERDADEIRA compreensão do tema, e mais ainda, o entendimento da real NECESSIDADE de alinhamento entre todos os conceitos, práticas e técnicas que regem e realizam a estratégia, a gestão e a operação das organizações. Lembre-se:

- ✓ Uma organização é muito mais que um mapa de diretrizes estratégicas definidas e aprovadas hermeticamente isoladas da realidade operacional.
- ✓ Uma organização é muito mais que um conjunto de atividades que precisam ser realizadas e pessoas que precisam ser controladas.
- ✓ Uma organização é muito mais que um parque tecnológico recheado de sistemas legados esperando por modernização ou substituição.

Salvo raras exceções, uma organização precisa mais dos seus clientes, do que os clientes precisam dos seus produtos e serviços. Para essa conta funcionar é preciso ter a estratégia, a gestão, a operação, e as tecnologias de apoio trabalhando a favor do negócio – e saiba que isso não é algo simples e trivial de se fazer. O esforço é muito grande e, ao mesmo tempo, impiedosamente mandatório. A sobrevivência corporativa no mercado atual e futuro não é questão de ter o melhor produto, ou o mais barato, mas sim uma questão de percepção de valor pelo seu mercado consumidor.

Ajudar a criar e manter essa percepção. Estes são alguns dos nossos maiores desafios diários.

Capítulo 3

Levantamento e Modelagem de Processos de Negócio

"A linguagem da experiência não é a mesma da classificação."
John Ciardi

www.GartCapote.com

Modelagem de processos é uma das nove áreas de conhecimento de BPM e, devido a sua grande atratividade junto aos profissionais, talvez seja a área que tem a maior quantidade de praticantes e ferramentas tecnológicas disponíveis. Mas vamos começar o entendimento do tema conforme a nossa proposta inicial, compreendendo o conceito antes de qualquer outra coisa. Conforme descrito no BPM CBOK v3.0, a modelagem de processos de negócio combina uma série de atividades e habilidades que fornecem visão e entendimento dos processos, possibilitando a realização da análise, do desenho e da medição de desempenho. É muito comum encontrar no mercado certa confusão entre o que é um diagrama de processo, um mapa de processo e o que é um modelo de processo.
Ao término deste capítulo, esta dúvida não poderá existir para o leitor. Vamos começar estabelecendo alguns conceitos fundamentais, e que estão completamente alinhados ao BPM CBOK v3.0.

O que é Modelagem de Processos de Negócio

A modelagem de processos de negócio nada mais é que um conjunto de atividades necessárias para a criação de representações de processos existentes, ou que ainda estão em planejamento ou sendo projetados. Uma característica bastante marcante sobre a modelagem de processos de negócio, conforme a própria definição do tipo do processo denota, é que este tipo de modelagem deve contemplar e cobrir os processos de forma completa, ou de ponta a ponta. Essa abrangência da modelagem é prevista para todos os tipos de processos – processos primários, de suporte e de gestão.

O que é um modelo de processo?

Um modelo de processo é uma representação mais abrangente dos processos, podendo conter representações matemáticas, gráficas, narrativas ou outras formas, podendo conter:

Informações sobre o Negócio
- ✓ Informações de alto nível sobre o negócio, relacionamentos, concorrência, reguladores, fornecedores, parceiros, clientes etc
- ✓ Objetivos estratégicos e métricas
- ✓ Controles e restrições

✓ Mercados e consumidores
✓ Produtos e serviços
✓ Localizações

Informações Operacionais
✓ Cadeia de valor e portfólio de processos
✓ Metas operacionais e objetivos
✓ Políticas
✓ Métricas de desempenho e indicadores de desempenho
✓ Estrutura organizacional e papéis

Informações específicas do processo
✓ Requisitos das atividades
✓ Lucro e custo, baseado em atividade e baseado em recurso
✓ Instruções de trabalho

Informações Técnicas
✓ Sistemas
✓ Serviços
✓ Dados

Essas informações anteriormente apresentadas, e que podem compor os modelos de processos, foram organizadas por Bruce Silver no seu livro BPMN – *Method and Style* (Método e Estilo), tendo sido originalmente recebidas de Brett Champlin, fundador e ex-presidente da ABPMP Internacional (www.abpmp.org).

Um modelo de processo "completo" retratará diversas perspectivas atendendo a diversos propósitos. Pode conter diagramas e outras informações complementares ao entendimento do ambiente, relacionamento entre elementos, objetos etc.

O que é um diagrama de processo?

Considere um diagrama como a representação mais elementar e inicial sobre um processo. É o primeiro passo para a representação e compreensão mais completa dos processos. Usualmente é composto apenas de fluxos simples de atividades, e, por muitas vezes, representa apenas o caminho feliz (a melhor consecução de atividades), ignorando o tratamento de exceções e as falhas do processo.

Exemplo:

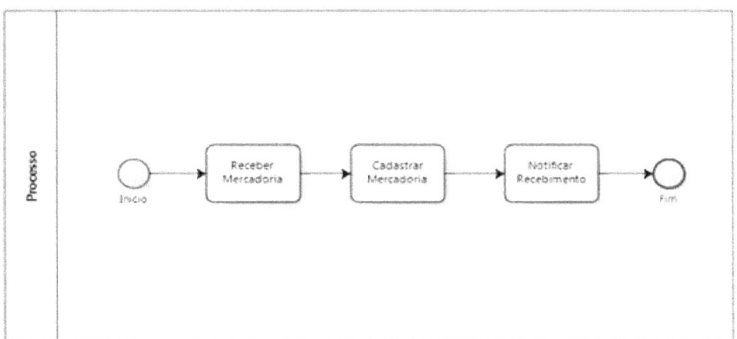

Figura 18 - Diagrama de Processo

O que é um mapa de processo?

Considere que um diagrama do processo existe, mas ainda com informações restritas sobre o processo, praticamente retratando apenas as atividades e seu fluxo. Ao adicionar atores, eventos, regras, resultados, e outros detalhes, estaremos criando um mapa do processo.

Um ponto bastante importante que vale destacar sobre os mapas de processos é que, com o uso de BPMN pelas ferramentas de modelagem, fica cada vez mais simples transpor os níveis de representação dos mapas de processos, apresentando desde mapas mais abstratos, para um público executivo, até mapas detalhados ao nível operacional de cada atividade, para um público gestor e/ou coordenador de áreas das organizações.

Exemplo:

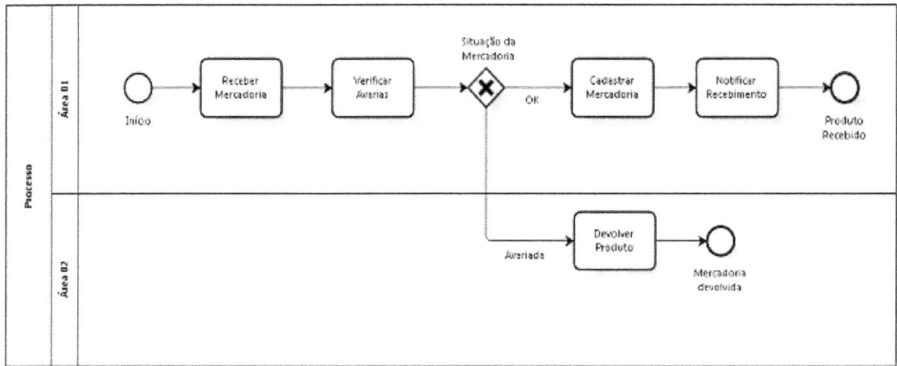

Figura 19 - Mapa de Processo

Portanto, não é correto tratar diagramas, mapas e modelos de processos como sinônimos, pois, como podemos ver, cada um tem seu propósito e aplicação específica, inclusive, sendo elaborados em diferentes momentos e estágios de desenvolvimento e acesso à informação.

Evolutivamente, veremos que do primeiro diagrama, até a criação do mapa, e finalização do modelo, muita informação é adicionada.

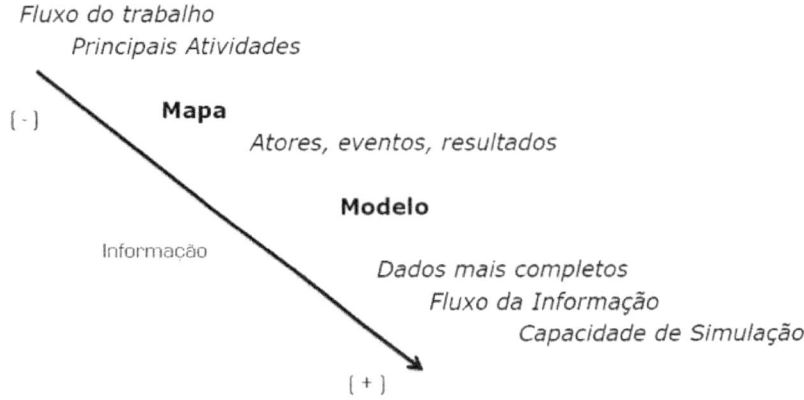

Figura 20 - Evolução da Representação por Adição de Informação

Qual o propósito da modelagem de processos?

- ✓ Criar uma representação dos processos
- ✓ Descrevê-los suficientemente para análise
- ✓ Melhorar o entendimento do negócio
- ✓ Apoiar em treinamento de recursos
- ✓ Avaliar mudanças e melhorias em processos existentes
- ✓ Servir como base de comunicação
- ✓ Descrever requisitos de nova operação

Ainda na versão 2.0 do BPM CBOK®, tínhamos a descrição de que um dos grandes benefícios da modelagem de processos é "criar um mecanismo essencial para compreensão, documentação, análise, desenho, automatização e medição de atividades de negócio, bem como os seus recursos e as interações entre o negócio e o ambiente". Por entender que essa descrição permanece válida, apesar de não mais ser mencionada na versão 3.0 do BPM CBOK®, a mantive presente nesta segunda edição do livro.

Além da declaração anterior, manterei também uma simples imagem existente no BPM CBOK v2.0, que resume muito bem o valor de um modelo conforme o nível de detalhes. Outras maneiras de avaliar e definir o nível de detalhamento de um processo já surgiram desde a versão 2.0, porém, dada a sua simplicidade, acredito que a figura a seguir atende muito bem os mais diversos propósitos da modelagem de processos.

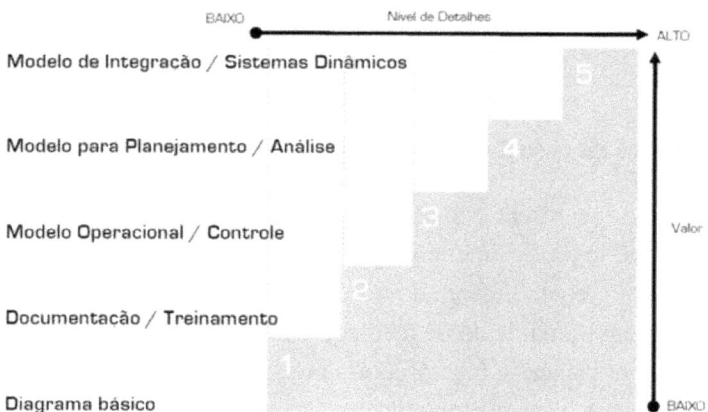

Figura 21 - BPM CBOK v2.0 – Detalhes e Valor da Modelagem

Quais são os padrões e notações para modelagem de processos?

Existem variados tipos e formas de representação de processos no mercado, mas seguindo o objetivo deste livro em apoiar os profissionais na sua capacitação como analistas de processos, apresento sucintamente a mais utilizada atualmente, o *Business Process Modeling and Notation* – BPMN (Notação de modelagem de processos de negócio).

Desde já faço a ressalva de que o leitor – se pretende atuar profissionalmente na modelagem de processos – deve ler a especificação da notação de BPMN (www.omg.org) e recorrer a outros livros, notoriamente o livro de Bruce Silver que consta na bibliografia desta obra. Particularmente, e até o momento, considero o melhor livro sobre modelagem de processos no mercado, e que realmente ensina a modelar processos com BPMN.

Além do livro de Bruce Silver, sugiro a leitura do meu outro livro "Medição de Valor de Processos para BPM". Nesse livro dedico um capítulo inteiro ao que chamo de "Modelagem da Verdade". Se o objetivo da modelagem é representar a realidade atual de um processo organizacional e, assim, fazer medições e produzir um diagnóstico, sem sombra de dúvida, saber representar a realidade com qualidade e objetividade é uma condição essencial. A modelagem da verdade propõe um método e ensina a realizar, por meio de exercícios práticos.

O que é BPMN?

Business Process Modeling and Notation (BPMN) é a notação para representação de processos mais completa e mais utilizada no mercado atualmente. Para conhecer melhor é importante que o leitor acesse o site do consórcio que a mantém e evolui, e lá fazer o download gratuito de toda a especificação (www.bpmn.org).

A aderência e a importância dessa notação são tamanhas, que me arrisco a afirmar que, hoje, praticamente todos os fabricantes de ferramentas de modelagem de processos já aderiram ao seu padrão. E os que ainda não aderiram estão trabalhando para tal. Sua aceitação é tanta, que até mesmo as ferramentas historicamente conhecidas e estabelecidas no mercado com sua representação em EPC – *Event Process Chain* (cadeia de eventos de processos) já aderiram ao BPMN e, hoje, ofertam seus produtos segundo essa especificação.

Se você me perguntar qual notação eu prefiro, mesmo já tendo utilizado uma grande quantidade de tipos (fluxogramas, raias, EPC, cadeia de valor, UML etc), imediatamente eu responderei que é BPMN.

É realmente uma evolução muito grande e a versão 2.0 ajuda a romper as barreiras entre negócio e TI. É um marco extremamente importante para a modernização da gestão organizacional.

Perspectivas para Modelagem de Processos

Neste ponto vou apresentar as perspectivas propostas e utilizadas mundialmente, e em seguida veremos a forma que Bruce Silver desenvolveu e propõe em seu livro BPMN – *Method and Style*.

Como direcionamento ao leitor, desde já aconselharia a adoção, ao menos que inicial, do modelo proposto por Silver. É realmente muito prático e eficiente, e como estamos buscando conhecimento aplicável na prática, acredito que este seja um ótimo caminho para o leitor interessado em aprender a modelar processos com BPMN. Podemos dizer que uma modelagem de nível corporativo objetiva a transcrição de como a organização realiza seu trabalho em mais alto nível. É uma perspectiva que visa modelar os processos com uma tradução "executiva".

Ou seja, se você pretende discutir mudanças e resultados de processos com a camada mais executiva e estratégica da organização, essa é a perspectiva ideal para a representação das informações; tudo em alto nível e com grande abstração de detalhes dos processos.

Vejamos a seguir alguns domínios e perspectivas mais utilizadas pelos profissionais de BPM.

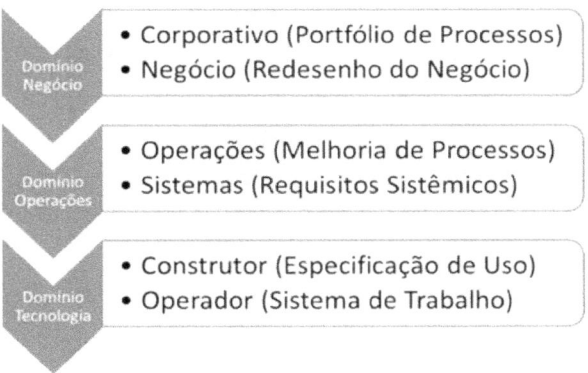

Figura 22 – Adaptado do BPM CBOK v2.0 – Perspectivas de Modelagem

Domínio Negócio

Se o objetivo do trabalho de modelagem do processo é ajudar no estabelecimento de donos de processos e apresentar a eles o desempenho dos seus processos, essa seria a perspectiva mais adequada.

Domínio Operações

Se o objetivo do trabalho de modelagem do processo é entender e apresentar os detalhes e características operacionais do processo, essa é a perspectiva mais adequada. É tipicamente utilizada para promover a análise e a melhoria de processos com o envolvimento da camada de gestão e coordenação de atividades.

Domínio Tecnologia

Se o objetivo do trabalho de modelagem do processo é entender e apresentar como os sistemas apoiam os trabalhos realizados no processo, essa é a perspectiva a se utilizar. Essa perspectiva pretende descrever os requisitos de sistemas e a sua necessidade de integração decorrente do processo.

Essa divisão de domínios, apesar de estabelecida formalmente, pode gerar muita variação ante o projeto ou a iniciativa de modelagem e representação dos processos. Portanto, se houver a vontade ou necessidade de adotá-la, é muito importante o cuidado com o estabelecimento de procedimentos claros e lógicos para o seu uso pelas equipes envolvidas.

Três Níveis de Modelagem

Para o leitor entender o objetivo da adoção das perspectivas de modelagem e especificamente a abordagem de adoção de três níveis de representação, é importante transcrever uma citação de Stephen White e Derek Miers no livro BPMN *Modeling and Reference Guide*, 2008.

"Todos os modelos são errados, alguns são úteis."

Devo concordar que essa citação é um pouco forte, mas vamos entender o que ela quer dizer. Ao dizer que todo modelo está errado, eles quiseram dizer que um modelo é inerentemente uma idealização, ou uma simplificação que leva a deixar de lado detalhes não essenciais. Vale aqui ressaltar que, o que é considerado essencial, ou desnecessário, é definido de acordo com o propósito do modelador. Ou seja, o propósito de um modelador buscando descrever como um processo funciona atualmente não é o mesmo propósito de um modelador que pretende descrever um processo que seja executável sistemicamente. Esse tipo de consideração é muito maior que uma discussão filosófica ou um preciosismo.

No mundo prático da modelagem, especificamente com o uso de BPMN, esse tipo de interpretação é altamente relevante, pois um mesmo elemento da notação pode ter interpretações díspares sobre o seu real significado.

Sendo assim, e com essa preocupação em mente, Bruce Silver criou a classificação de três níveis, que é orientada ao tipo de uso que o modelo terá. Os modelos em seus diferentes níveis de representação buscam refletir as diferentes representações do que – ou como – o modelo significa para os três diferentes tipos de usuários da notação BPMN. Essa divisão não faz parte da notação formal, mas é sim uma referência existente já na documentação da OMG.

Nível 01 - Modelagem Descritiva

É a modelagem em primeiro nível e ideal para representação e descrição de processos para os profissionais envolvidos com a camada de negócio da organização. Busca representar o fluxo do processo de forma simples, utilizando apenas um conjunto pequeno de elementos da notação e simplificando seu entendimento. Vale-se de princípios de composição de processos, onde as atividades e os subprocessos podem ser unidos criando representações de processos mais significativos e com maior nível de abstração de sistemas, fluxos e atores. Devido seu alto nível de abstração, a simulação deste tipo de modelo não é possível em nível sistêmico. Nas próximas páginas veremos uma paleta de elementos BPMN sugerida para este nível de modelagem.

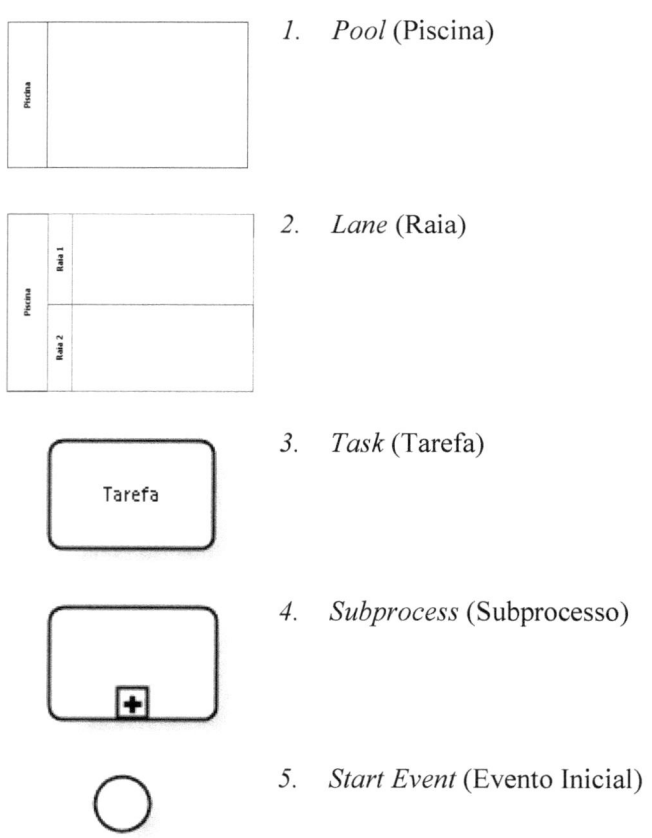

1. *Pool* (Piscina)

2. *Lane* (Raia)

3. *Task* (Tarefa)

4. *Subprocess* (Subprocesso)

5. *Start Event* (Evento Inicial)

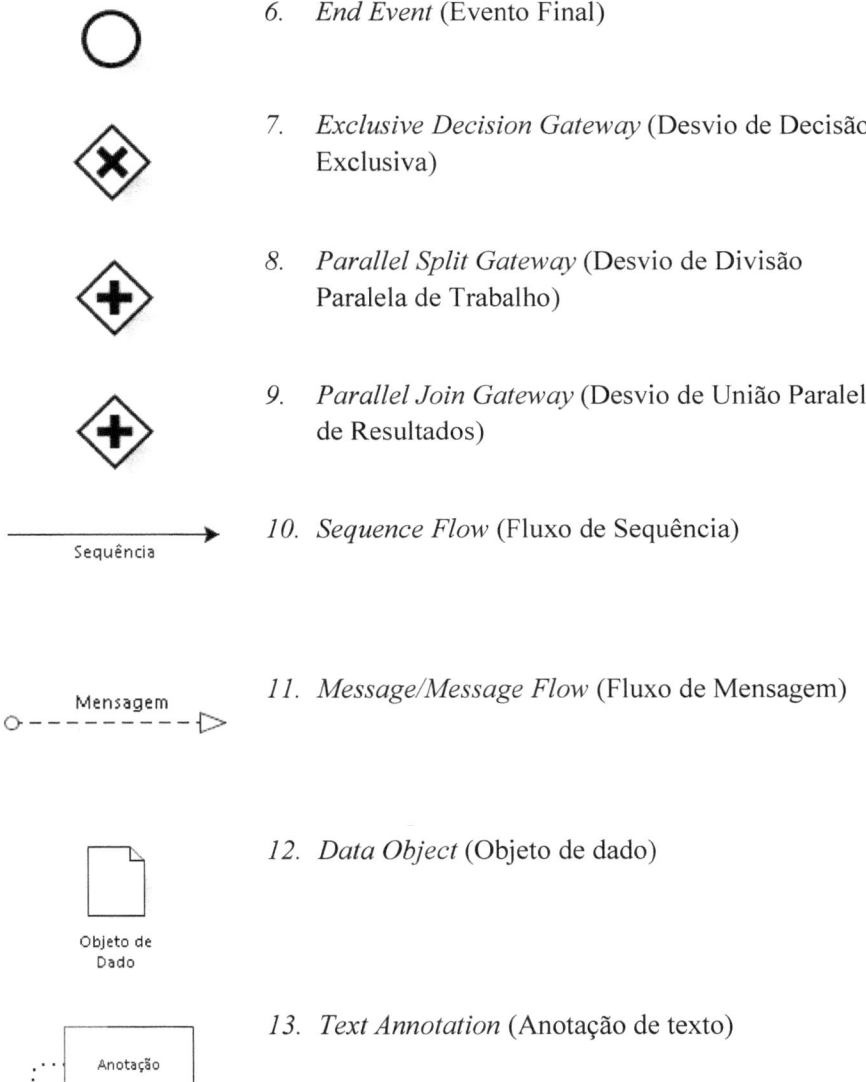

6.   *End Event* (Evento Final)

7.   *Exclusive Decision Gateway* (Desvio de Decisão Exclusiva)

8.   *Parallel Split Gateway* (Desvio de Divisão Paralela de Trabalho)

9.   *Parallel Join Gateway* (Desvio de União Paralela de Resultados)

10. *Sequence Flow* (Fluxo de Sequência)

11. *Message/Message Flow* (Fluxo de Mensagem)

12. *Data Object* (Objeto de dado)

13. *Text Annotation* (Anotação de texto)

Nível 02 - Modelagem Analítica

É uma modelagem em segundo nível com mais detalhes, mas que ainda ignora exceções menos exploradas ou menos frequentes no processo. É neste nível da modelagem que a semântica do processo começa a ser necessária, sendo vital descrever o que acontece e sob que condições, como se o processo fosse ser orquestrado por ferramentas BPMS. Neste nível de modelagem são retratados os padrões para ramificação e unificação de processos, bem como padrões para tratamento de exceções.

A seguir, veremos uma paleta adicional de elementos BPMN sugerida para este nível:

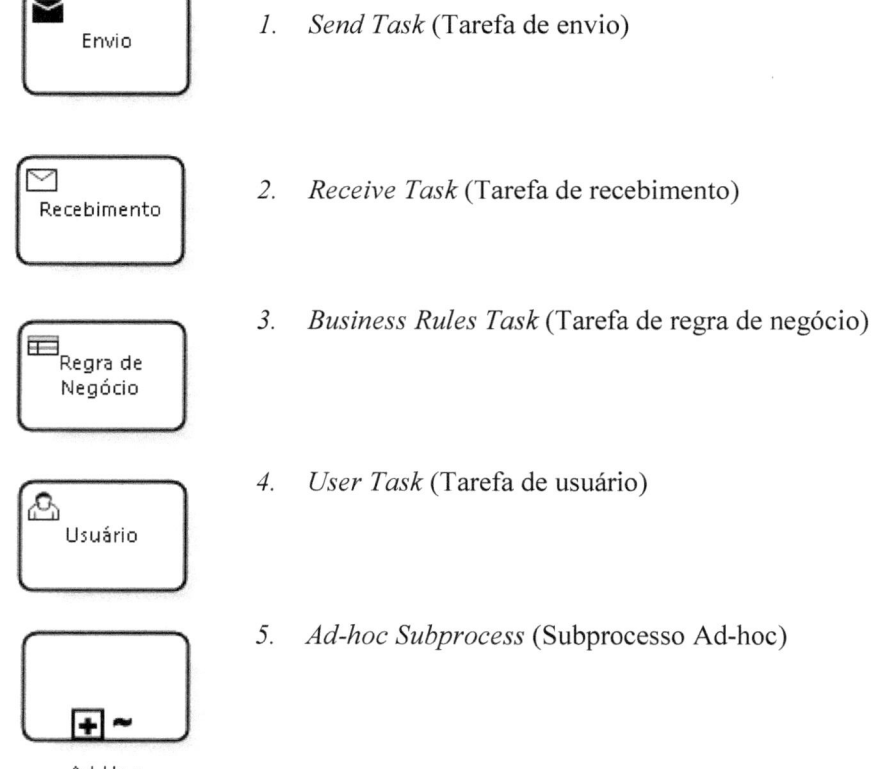

1. *Send Task* (Tarefa de envio)

2. *Receive Task* (Tarefa de recebimento)

3. *Business Rules Task* (Tarefa de regra de negócio)

4. *User Task* (Tarefa de usuário)

5. *Ad-hoc Subprocess* (Subprocesso Ad-hoc)

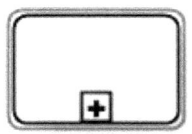

Transacional

6. *Transactional Subprocess* (Subprocesso transacional)

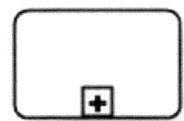

Chamada / Reutilizável

7. *Call Activity* (Atividade de chamada)

Loop

8. *Loop Activity* (Atividade de loop)

Múltipla Instância

9. *Multi-Instance Activity* (Atividade de múltipla instância)

Inclusivo

10. *Inclusive Gateway* (Desvio inclusivo)

Baseado em Eventos

11. *Event-based Gateway* (Desvio baseado em evento)

Condicional

12. *Conditional Start* (Início condicional)

Sinal

Erro

Sinal

Temporizado

13. Signal Start (Início por sinal)

14. End Error (Fim por erro)

15. Signal End (Fim por sinal)

16. Time Start (Início por tempo)

Nível 03 - Modelagem Executável

É a forma de modelagem mais moderna e que contempla a execução do modelo de forma sistêmica. Está altamente atrelada à capacidade da notação BPMN. Este nível de modelagem objetiva a definição de atributos internos dos elementos da notação e como isso pretende apoiar a arquitetura orientada a modelos, onde sistemas executáveis são criados e geridos por definições gráficas, modelos, ao invés de terem sido gerados por código tradicional e linguagens de programação.

A modelagem no terceiro nível se inicia com os elementos do segundo nível, onde se adiciona os detalhes internos ao XML (*Extensible Markup Language*) dos elementos da notação – é a transformação do modelo representativo para um modelo executável. É mandatório que o modelador especifique claramente o tratamento de dados, os serviços e mensagens e as tarefas humanas.

Considero, e respeito, a existência de diversas notações no mercado internacional, porém, a notação com maior adesão e relevância prática, é a *Business Process Modeling Notation* – BPMN.

Um processo modelado utilizando essa notação pode se valer de recursos e capacidade moderna, e para facilitar o trabalho de definição de escopo e nível de detalhamento, é importante o profissional ter essa definição de níveis e perspectivas de representação em sua caixa de ferramentas.

Considerações sobre a Modelagem de Processos com BPMN

Em relação a modelagem de processos com BPMN, é importante lembrar que, o analista de processos deve dominar o uso da notação e, principalmente, saber aplicar seus elementos para produzir representações com qualidade e que atendam ao objetivo de cada tipo de modelagem. Ou seja, considerando um ciclo de vida tradicional de BPM, citado no início deste livro, o analista de processos produzirá representações (diagramas, mapas ou modelos) que representarão, basicamente, dois momentos distintos do processo. Seu estado atual, chamado de "*As Is*", e o estado desejado/futuro, chamado "*To Be*".

É crucial separar muito bem esses momentos e suas representações, pois a interferência entre esses distintos pontos temporais pode produzir, por exemplo, uma representação *As Is* que não representa a realidade operacional da organização, ou ainda, uma representação *To Be* que mantém pontos defeituosos e indesejados do processo *As Is*.

Sendo assim, e conforme citado anteriormente nesta segunda edição do livro, fica a sugestão de leitura do livro "Medição de Valor de Processos para BPM". Essa obra, além de ensinar o que é valor e como medi-lo nas organizações, trata detalhadamente do uso da notação BPMN para a representação da realidade operacional das organizações. Leia e faça todos os exercícios propostos no livro. Ao término, você entenderá exatamente a diferença entre a modelagem de processos com base na realidade – chamada de "Modelagem da Verdade" –, cápítulo 4, e a infeliz modelagem do universo irreal e inútil que soterra organizações inteiras com equivocadas ações de pseudoentendimento e melhoria.

Se você pretende atuar com entendimento e diagnóstico preciso de processos de negócio, dominar BPMN para aplicar na "Modelagem da Verdade" é um grande diferencial competitivo, profissional e, quiçá, pessoal.

Atividades Essenciais para a Modelagem de Processos

Modelagem de Processos Atividades:

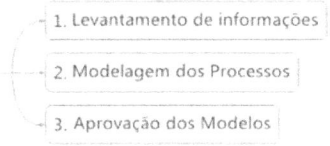

1. Levantamento de informações

2. Modelagem dos Processos

3. Aprovação dos Modelos

1. Levantamento de informações

Um dos trabalhos mais importantes para a modelagem de processos é o levantamento das informações. Este tema será bastante explorado no capítulo de análise de processos, mas é importante estabelecer esse conceito desde já, e é essencial que o analista de processos saiba que, caso não haja ao menos um diagrama representando o processo a ser analisado, é crucial que se inicie o trabalho de levantamento e coleta de informações sobre o processo e seus recursos. Dependendo da complexidade do processo, da quantidade de áreas e recursos envolvidos, o trabalho de levantamento de informações pode se tornar bastante complexo. É importante conseguir estabelecer um grupo suficientemente significativo para realizar as entrevistas e reuniões de levantamento, tentando evitar duas das mais comuns armadilhas:

✓ O excesso de pessoas envolvidas

✓ A insuficiência de pessoas envolvidas

No caso do excesso de pessoas envolvidas, podemos encontrar uma série de dificuldade na condução e na realização dos trabalhos – a começar pela dificuldade de compatibilização de agendas. Com grupos muito grandes também existe o risco do refinamento constante, da produção de diversas "fotos" do mesmo processo, e com isso, cair na armadilha da paralisia por análise. Veremos este tema no próximo capítulo. No caso de insuficiência de pessoas envolvidas nas entrevistas e reuniões de levantamento, podemos incorrer no problema contrário ao anterior.

Podemos cair na armadilha de representar e replicar pequenas versões e percepções sobre o processo, e nunca alcançar a visão mais completa sobre o processo como um todo. É muito comum as organizações solicitarem pouco envolvimento de seus colaboradores nessa fase das iniciativas de BPM, e isso precisa ser evitado. Existe um entendimento equivocado por parte principalmente da gestão, na qual a organização assume que já conhece o suficiente sobre um processo, e que levantar mais detalhes sobre o asunto é perda de tempo. Além de errado, isso é muito perigoso, pois caso se aceite essa falácia como verdade, é muito provável que o esforço de modelagem do processo, principalmente do atual e em vigor, represente apenas o entendimento de um gestor, coordenador e algum outro elemento do processo. Pergunto:
O processo só envolve esses atores? Se sim, tudo bem. Se não, você acabou de replicar apenas uma opinião e percepção sobre o todo.

O trabalho de levantamento precisa envolver ao menos um representante de cada área envolvida no processo – no mínimo. Claro, não estou descrevendo aqui uma receita, mas sim um padrão que apresenta resultados positivos e com muita regularidade no dia a dia de projetos.

Ainda sobre o momento de coleta e levantamento de informações, por diversas vezes retirar os participantes de seus locais de trabalho tem se mostrado bastante eficiente, mas nem sempre é possível mobilizar a equipe, sendo mais comum que o analista de processos e/ou o modelador se desloquem.

Um ponto importantíssimo: evite ao máximo realizar reuniões isoladas ou unitárias. Esse tipo de abordagem, no mínimo, irá dificultar o trabalho de composição do processo inteiro, e novamente, pode criar replicação de percepções isoladas. Além disso, você estará perdendo ótimas oportunidades de averiguar se o que determinada pessoa declarou sobre o processo é ou não o mais correto ou próximo da realidade. É como dizem: "é preciso aprender a ouvir o processo e entender o que ele tem a dizer."

2. Modelagem dos Processos (Atual ou Novo)

Essa atividade, apesar de parecer óbvia, precisa ser declarada separadamente, pois, quando realizada sem essa definição clara de etapa, pode incorrer em atropelos de outras fases das iniciativas.

Basicamente, podemos usar dois tipos de abordagens para o trabalho de levantamento e modelagem dos processos:

- **Top-Down** (de cima para baixo)

  Na modelagem *Top-Down*, começamos o trabalho de levantamento e detalhamento dos processos partindo de sua visão mais abstrata e genérica, e evolutivamente vamos refinando as informações e detalhando cada vez mais o processo. Normalmente é realizado quando o trabalho inicia com entrevistas com as camadas hierarquicamente superiores.

- **Bottom-up** (de baixo para cima)

  Na modelagem *Bottom-up*, começamos o trabalho de levantamento ouvindo e coletando informações diretamente dos atores das atividades mais atômicas – ou mais operacionais.

  A maior dificuldade da abordagem *Bottom-up* é depois conseguir agrupar as atividades por afinidade e relacionamento e transcrever subprocessos mais significativos, depois subir mais um nível em direção aos processos e finalmente, os macroprocessos.

Conforme dito anteriormente, o analista de processos deve cuidar da representação dos processos em basicamente dois cenários:

- ✓ Processo Atual (*As Is*)
- ✓ Processo Futuro (*To Be*)

Muito cuidado com a tentação de ficar criando variações sobre o mesmo tema, algo como querer representar o processo como deveria ser, mas não é (*Should Be*), representar o processo como será, mas somente com a visão de sistemas (*To Be* de Produção ou *To Do*), e outras corruptelas conceituais que praticantes mais empolgados, e menos experientes, tendem a criar e proliferar.

Vou fazer uma pergunta simples:

Na prática, o que será feito com essa quantidade de versões do mesmo processo?

Ao responder essa pergunta você também irá concluir que não passa de uma grande perda de tempo e esforços na direção errada. Portanto, muito cuidado!

Um último lembrete:
Evite o levantamento de informações excessivas no momento errado. Em reuniões de levantamento de processo, você deve se concentrar em coletar atividades, fluxos, desvios comuns, exceções com maior ocorrência, os atores, locais e alguns sistemas envolvidos. Um modelo contendo essas informações já está no caminho de um refinamento que irá contemplar os detalhes mais específicos sobre cada atividade. Não tente coletar todas as informações em uma única rodada. Você não vai conseguir e ainda vai incomodar os participantes – gerando uma resistência considerável para o seu próximo encontro de refinamento.

Estabeleça os limites do seu detalhamento antes da reunião e, sempre que possível, informe com antecedência aos participantes qual será o tema e o objetivo do encontro.

3. Aprovação dos Modelos
Talvez seja redundante propor a aprovação dos modelos, mas nunca é demais evidenciar a importância de se ter aprovações formais sobre o trabalho realizado. Mais ainda, aprovar o modelo é ratificar o seu entendimento sobre o processo, e claro, o consenso da equipe entrevistada sobre a representação que foi apresentada.

Para a aprovação dos modelos o analista deve envolver sempre o dono do processo, ou a sua representação maior. Somente quando da aprovação é que devemos dar continuidade a qualquer atividade posterior.
Um ponto muito importante na aprovação de modelos de processos:

Quanto maior o esforço para se alcançar um consenso durante a aprovação, maior é a tendência de que algo saiu errado.

Podemos ter representado coisas que entendemos, mas os participantes do processo não entenderam, não aceitam ou nem querem que fique evidenciado e documentado em um processo.

Podemos ter representado a visão de apenas um dos atores do processo, talvez do líder do processo, que certamente não compactua da mesma noção de fluxo da operação real, mas em sua mente possui uma melhorada e idealizada lógica de realização – normalmente muito longe da verdade. Esse é um cenário bastante comum até hoje.

Na vontade/necessidade de mostrar a evolução do trabalho, o analista de processos cai na armadilha de aceitar a descrição e visão de apenas um ator do processo. Cuidado. Este é mais um ledo e pueril engano.

www.GartCapote.com

Indicadores de Resultado e Desempenho

Durante o processo de levantamento é comum encontrar referências sobre indicadores de desempenho e, mais comum ainda, encontrar referências em que todos os indicadores são considerados KPI – *Key Performance Indicators*. Ok. Exageramos um pouco. Isso não é bem uma unanimidade...

Normalmente o mercado trata indicadores de forma bastante genérica, elevando-os inconscientemente a patamares mais estratégicos, ou rebaixando-os sem cerimônia a meros números operacionais sem importância ou ligação estratégica.

Na verdade, indicadores chave de desempenho possuem características únicas e estão diretamente ligados à estratégia das organizações. Vamos entender um pouco melhor os três tipos de indicadores bastante comuns no mercado atualmente e algumas de suas principais características.

Key Result Indicators (KRI)

Indicadores chave de resultado traduzem como foi o resultado de algo sob uma determinada perspectiva.

Utilizando uma analogia de instrumentos do painel de um automóvel, o velocímetro seria um KRI, pois informa apenas a velocidade na qual o veículo está se movendo, não cabendo a esse medidor exibir a marcha ou as rotações por minuto em que o motor está trabalhando. Um KRI não fornece informação suficiente para a gestão, pois ela precisa saber sobre o valor de RPM (rotações por minuto do motor) e a marcha atual do veículo, além do consumo de combustível, dentre outras coisas, para, somente então, tomar uma decisão se deve manter o ritmo do veículo, diminuir ou acelerar.

Imagine um processo operacional de uma organização, o recebimento de pedidos de clientes, por exemplo. Se monitorarmos a quantidade de pedidos recebidos, o tempo que levamos para despachar cada um deles e outros detalhes do desempenho operacional, estaremos observando/monitorando indicadores chave de resultado.

A composição desses indicadores pode trazer novas informações para a organização em um nível mais gerencial e em direção ao alinhamento estratégico. Isoladamente, os KRIs são basicamente observações operacionais pontuais. Normalmente, existem e são monitorados no nível de processos funcionais.

Figura 23 - *Key Result Indicator* - KRI

Performance Indicators (PI)

Indicadores de desempenho dizem o que deve ser feito.

Continuando com a analogia do painel de instrumentos do veículo, podemos considerar o medidor de combustível e o conta-giros como indicadores de desempenho, pois consideradas as suas informações, podemos definir o próximo passo, tal como: se o combustível estiver acabando de forma rápida, devemos reduzir o giro do motor, que deve ser feito reduzindo a velocidade total do veículo etc.

Os indicadores de desempenho complementam os indicadores chave de desempenho.

Retomando o pensamento sobre o processo de recebimento de pedidos, do exemplo anterior, um indicador de desempenho válido seria, por exemplo, a quantidade de pedidos atendidos comparado a capacidade operacional da área.

Figura 24 - *Performance Indicators* - PI

Key Performance Indicators (KPI)

Indicadores chave de desempenho dizem o que a organização precisa fazer para aumentar o desempenho consideravelmente.

Deve representar um conjunto de medições que traduzam o desempenho corporativo necessário para sucesso. Ou seja, possuem relação direta com a "ambição organizacional". São observações comparáveis com metas (desejos) e não somente a capacidade (realidade).

Conforme proposto por David Parmenter em seu livro *Key Performance Indicators*, 2007, um KPI possui essencialmente sete características primárias:

1. A sua representação não pode ser financeira (não representar resultado em reais, dólares, euros etc).

2. A medição deve ser frequente (diária ou 24 x 7).

3. Ações são disparadas pelo CEO e pela diretoria.

4. Compreensão da medição e das suas ações de correção por parte de todo o time.

5. Associa grandes responsabilidades aos indivíduos ou times.

6. Possui impacto significante (afeta os fatores chave de sucesso e mais de uma perspectiva do BSC).

7. Impacto positivo (afeta os medidores de desempenho de forma positiva).

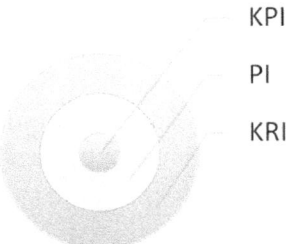

KPI

PI

KRI

Figura 25 - Tipos de Medidores de Desempenho

Ainda segundo as práticas de medição e definição de indicadores chave de desempenho, ou *Key Performance Indicators* (KPIs), temos doze (12) características que devem ser observadas na definição de medidores de desempenho dos processos. A seguir, veremos as doze características compiladas em uma tabela.

	Métrica	Os indicadores devem
1	Alinhamento	Estar sempre alinhados com objetivos e estratégias organizacionais
2	Prestação de Contas	Pertencer a um dono ou grupo da área de negócio que é responsável pelo resultado
3	Previsibilidade	Medir valores de negócio e desempenho desejado
4	Acionável	Ser populados com dados atuais e acionáveis de modo que participantes possam intervir e mudar
5	Poucos em Número	Focar em atividades de alto valor
6	Fácil de Entender	Ser diretos e não baseados em índices complexos de difícil compreensão
7	Equilibrado e Conectado	Equilibrar e reforçar um ao outro para não competir e confundir
8	Tranformativo	Provocar uma reação em cadeia com mudanças positivas na organização
9	Padronizado	Ser sustentados por definições, regras e cálculos padronizados
10	Orientado a Contexto	Colocar o desempenho no contexto ao aplicar alvos e limites para medir a progressão
11	Reforçado	Ter impacto reforçado ao associar remuneração e incentivos
12	Relevante	Ser revisados e renovados periodicamente para manter impacto e relevância

Tabela 1 - Características de KPI - Parmenter, David

Como direcionamento final sobre o uso efetivo de indicadores de desempenho, é importante deixar claro ao leitor que, os indicadores mais comuns de encontrarmos nas atividades dos processos, são os indicadores chave de resultado – KRIs.

A composição das informações dos KRIs, com outros indicadores de desempenho PIs, pode ajudar a produzir um painel de gestão, conhecido também como painel de desempenho, ou *performance dashboard*, que traduzirá a realidade operacional da organização com bastante qualidade na sua informação. Esse tipo de painel pode ser criado atualmente com bastante facilidade por meio da Monitoria de Atividades de Negócio, ou *Business Activity Monitoring* – BAM, uma das capacidades pertencentes às ferramentas de execução e monitoria de processos – BPMS.

É importante ratificar a necessidade de se coletar e definir as informações necessárias para criação de métricas e medidores de desempenho. A sua abrangência de representação e impacto na estratégia é resultante do conhecimento e da prática pelos gestores da organização, pois a gestão baseada em indicadores de desempenho (KRI, PI e KPI) ainda não é muito adotada.

O profissional de processos deve adquirir conhecimentos específicos sobre BAM, ferramentas de simulação e modelagem analítica com uso de planilhas e outros softwares estatísticos. Este é um caminho importante e que precisa de preparo específico. Fica aqui a recomendação da leitura do livro de David Parmenter, referenciado na bibliografia deste livro.

Além do excelente livro de David Parmente, fica igual sugestão de leitura sequenciada do livro "Medição de Valor de Processos para BPM" (MVPBPM). Já mencionei sua existência anteriormente nesta segunda edição, porém, neste ponto do livro, trago a informação complementar de que, no livro MVPBPM, também ensino como calcular e medir:

- Capacidade de trabalho com ciclo funcional
- Capacidade de processos ponta a ponta
- Custo de instâncias de processos

- Tempo de ciclo de processos
- Consumo de recursos
- Custo de inatividade
- Custo de retrabalho
- Desperdícios

Ou seja, medições capazes de ajudar a compor indicadores chave de resultado, indicadores de desempenho e, obviamente, apoiar o estabelecimento e medição de indicadores chave de desempenho.

Regras de Negócio

Ao realizar o trabalho de levantamento de informações sobre o processo que será modelado, é importante que o profissional de processo cuide também da coleta de informações sobre as regras do negócio, e que, muita vezes, são informações diluídas entre formulários, sistemas, bancos de dados, procedimentos corporativos, inúmeros desvios (*gateways*) conectados ao longo do processo e o próprio trabalho humano. Essa coleção de dados e informações é altamente relevante para a criação de regras de negócio.

Basicamente, uma regra de negócio é composta de condições para a realização de determinadas ações e atividades do processo na realização do negócio.
Com o advento dos chamados motores de regras de negócio, ou *Business Rules Engines* – BRE, o profissional de processo e as organizações ganharam um forte aliado na composição de processos mais abrangentes, com menor volume de mudança em seus elementos de fluxo, atividades e, claro, mais velocidade e capacidade de mudança até então inviáveis.

Antes do surgimento dos BREs, que em sua grande maioria no mercado já fazem parte da arquitetura dos BPMS, a mudança em regras de negócio nos processos era feita de forma burocrática, onde qualquer variação na regra ou condição para realização de determinada atividade do processo era feita somente com o estabelecimento formal e corporativo de novos procedimentos, obviamente, essa abordagem possui um alto tempo de resposta e dependência total da vontade humana para sua realização.

Ao caminharmos na direção da automação de atividades de processos com uso de BPMS, caminhamos também para a aquisição de uma habilidade maior para a mudança. Essa habilidade é traduzida diretamente na adoção de atividades de regras de negócio existentes na notação e executadas sistemicamente por um BPMS. Veremos um exemplo para ajudar a clarear o conceito e evidenciar sua importância.

Vamos imaginar uma loja, que oferece e vende seus produtos tradicionalmente, ou seja, sem processos de negócio executados e geridos com apoio de BPMS, e sem regras de negócio sendo executadas e monitoradas por ferramentas automatizadas. No caso dessa fictícia loja, a pessoa entra para comprar um produto, o vendedor atende, encaminha para a negociação de formas de pagamento, e se o cliente tiver condições, efetua a compra.

Caso o cliente desista de comprar algum produto anunciado anteriormente, cabe ao vendedor tentar reverter essa desistência, e cabe ao gerente da loja, após determinado período, apurar o resultado das vendas do produto em campanha, gerar um relatório e apresentá-lo para a matriz ou ao escritório de vendas. Tudo isso é feito de forma essencialmente humana, e com apoio de sistemas de venda e faturamento para a compilação e validação de dados.

Agora, vamos imaginar essa mesma loja, mas com processos automatizados e executados por BPMS, e com uso extensivo de regras de negócio no BRE.

O possível cliente entra na loja, movido pela vontade de compra decorrente da campanha, o vendedor atende e o direciona para a compra do produto, porém, ao definir as formas de pagamento, o possível cliente desiste ou não tem condições de pagar. Nesse momento, o processo de negócio, consultando as regras de negócio estabelecidas, informa em sua interface com o vendedor que, naquele caso, o vendedor deve ofertar um produto x, que possui características similares, é mais barato etc. O vendedor segue o direcionamento do processo, e assim continua sua tentativa de venda até o ponto em que ela será efetivada, ou não.

Assim que esse processo se encerra, todas as informações sobre a venda do produto, a sua aceitação no mercado, as variações existentes e demais indicadores que sejam importantes para o negócio, todos esses dados estarão abastecendo medidores na camada de monitoria de atividades de negócio BAM. Nesse momento, que pode até mesmo ser em tempo real de execução, o dono do processo terá condições de avaliar se a campanha está tendo o resultado conforme o planejado, e mais importante ainda, terá condições de mudar as regras para a venda do produto, mostrar suas facilidades, criar ofertas substitutivas etc.
Neste momento, o dono do processo terá condições de mudar o negócio enquanto ele acontece e antes que seja configurado um fracasso de campanha.

Essa agilidade só é possível com o uso dos três elementos tecnológicos citados até agora – BPMS, BRE e BAM.

Esses três elementos tecnológicos só podem ser realizados se o profissional de processos tiver considerado ao menos:

- A notação de modelagem de processos (no caso BPMN);
- A correta coleta de informações sobre o processo;
- As regras de negócio;
- Os indicadores de resultado;
- Modelado o processo conforme o objetivo do processo de negócio.

Uma observação importante sobre o último item da lista – "Modelado o processo conforme o objetivo do processo de negócio": se o processo (trabalho funcional), não for planejado/melhorado conforme o objetivo do processo de negócio (união lógica interfuncional), estaremos perpetuando a dificuldande de "desdobramento da estratégia". Discurso bastante comum até hoje.

Sempre que a estratégia ignora a capacidade operacional real na definição de suas ambições (metas), estamos dificultando a capacidade da organização em alcançar os resultados.

Sempre que a operação real (trabalho funcional) ignora a interconexão com outros processos para conseguir entregar o valor que a organização promete a seus clientes, estamos dificultando a capacidade da organização de ser valorizada por seus clientes e se manter no mercado, ou em caso de serviços sem fins lucrativos, comprometemos negativamente sua capacidade de realizar sua missão social.

Sendo assim, volto um pouco na narrativa e faço questão de deixar claro a importância da fase de modelagem de processos. Nessa fase devemos coletar o máximo de informações conforme a necessidade e o objetivo dos processos e do projeto. Lembrando que: sem conhecer e declarar especificamente o objetivo do processo, qualquer caminho está certo, e igualmente errado.

É atribuição do profissional de processos cuidar dessa fase com responsabilidade, evitando atropelos de atividades e, mais ainda, envolvendo as equipes para o melhor entendimento da importância do trabalho.

O analista de processos, podendo também ser o responsável pelas atividades de modelagem de processos, deve desenvolver, no mínimo, as seguintes habilidades essenciais:

✓ Fluência em ao menos uma notação de modelagem de processos (BPMN, ou outra)

✓ Facilidade de relacionamento profissional e desenvoltura para conduzir as reuniões de levantamento do processo

✓ Alta capacidade de concentração

✓ Grande capacidade de síntese e apresentação

✓ Pensamento lógico e analítico

Portanto, gostaria de lembrar que a formação de um profissional com essas habilidades não acontece repentinamente. Algumas dessas habilidades são adquiridas, outras são pessoais e naturais para algumas pessoas. Mas o profissional deve saber que elas são necessárias e com isso desenvolvê-las com muita atenção e cuidado durante suas atividades profissionais diárias.

Parafraseando o querido amigo e colega Orlando Pavani Jr.:

"Alguns profissionais precisam apenas de treinamento. Já outros, precisam de tratamento!"

Existem muitos profissionais respeitados no mercado, e com grande experiência prática em projetos e iniciativas de melhoria e gerenciamento de processos, que afirmam com muita tranquilidade, e quiçá um pouco de orgulho, que;

"Modelar processos é uma arte!"

Concordo. Mas, preciso fazer apenas uma pequena ressalva: nem todo artista é autodidata ou prodígio.

Muitos estudaram e praticaram por longos períodos até aperfeiçoarem suas técnicas. Esse, provavelmente, deve ser o caminho mais utilizado pela maior parte dos profissionais, e não há qualquer demérito nisso, portanto:

Estude sempre a notação e aperfeiçoe muito a sua arte!

Capítulo 4

Análise de Processos

"O início do conhecimento é a descoberta de algo que não entendemos."
Frank Herbert

Análise de processos ou, como é chamada pelo mercado em geral, a análise *As Is*, pode ser considerada como o primeiro passo em direção à descoberta de como a organização e seus processos funcionam naquele exato momento. Em relação ao BPM CBOK®, a análise de processos é formalmente reconhecida como uma das nove áreas de conhecimento da disciplina de Gerenciamento de Processos de Negócio.

Considerando um ciclo de vida de BPM (orientado pelo tradicional PDCA), é uma fase específica para a descoberta de detalhes dos processos e que deve preceder o esforço de melhoria de processos.

Com a realização cuidadosa da análise de processos, criamos a real e mais completa percepção sobre como os processos primários, de gestão ou de suporte são – realmente – realizados.

Devemos buscar com a análise de processos uma visão imparcial. É o momento de se levantar o máximo de informação necessária para a boa representação e conhecimento do processo. É com a análise de processos que iremos facilitar a descoberta e a realização de melhorias, afinal, propor mudanças em algo que não conhecemos é bastante arriscado.

Finalmente, a fase de análise de processos deve retratar fielmente o que está acontecendo no negócio – não o que se deseja. É o momento do pragmatismo evidenciar verdades (desejadas ou não).

Por que devemos fazer Análise de Processos?

Se não levantarmos e, realmente, descobrirmos como o processo acontece detalhadamente no seu nível de atividade ou tarefa, não teremos informações detalhadas e suficientes para propor melhorias. Ou, em um cenário pior, podemos propor melhorias orientadas essencialmente por opinião, intuição ou com base na dor de quem propõe.

Com a análise de processos, criamos o entendimento de como o trabalho é realmente realizado na organização, e não como a realização do trabalho é percebida por outros colaboradores. Com as técnicas disponíveis para a realização da análise, caminhamos em direção ao descobrimento de diversas informações perdidas e desconhecidas. Criamos a matéria-prima para melhorias consistentes e mensuráveis.

Enquanto estiver acontecendo a análise de processos, é importante buscar descobrir e documentar alguns pontos cruciais para o futuro alinhamento do negócio, seus processos e o uso das tecnologias de apoio.

A análise de processos nos permite entender a razão de existir de um processo, seu alinhamento com a estratégia da organização, sua relação direta e indireta com a cultura organizacional, e, inclusive, entender melhor o próprio ambiente de negócio.

Além de uma visão mais alinhada com as questões estratégicas da organização, também devemos buscar identificar quem são os participantes de cada atividade do processo (fornecedores, atores, clientes etc.). Devemos identificar as regras de negócio (declaradas e implícitas), as métricas que existirem, as formas de controle e as dependências entre atividades. Tudo isso irá nos ajudar a identificar novas e mais precisas oportunidades de melhorias.

Quando deve ser feita uma Análise de Processos?

Existem muitos momentos propícios para a realização da análise de processo, mas podemos destacar os principais e mais objetivos como:

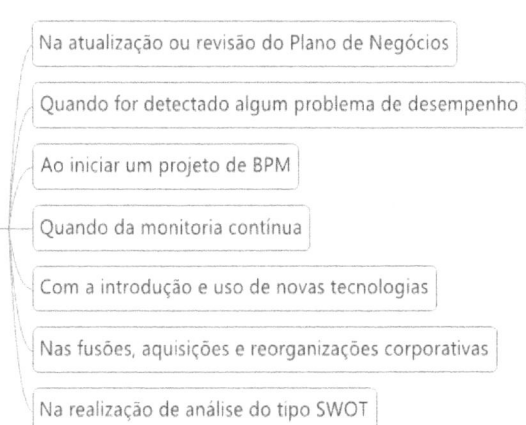

Análise de Processos Quando fazer:

- Na atualização ou revisão do Plano de Negócios
- Quando for detectado algum problema de desempenho
- Ao iniciar um projeto de BPM
- Quando da monitoria contínua
- Com a introdução e uso de novas tecnologias
- Nas fusões, aquisições e reorganizações corporativas
- Na realização de análise do tipo SWOT

a) Na atualização ou revisão do Plano de Negócios

Deve-se aproveitar a oportunidade de revisão ou atualização do plano de negócio da organização para buscar as informações mais atuais sobre seus processos. Com a descoberta, a documentação e a apresentação da situação mais atual e real das atividades dos processos, teremos insumos importantíssimos e que raramente estão disponíveis para a camada executiva e estratégica.

Essa pode ser uma grande oportunidade de implantação de melhorias no Plano de Negócio e, por consequência, se viabilizar um importante diferencial competitivo organizacional.

b) Quando for detectado algum problema de desempenho

É comum percebemos problemas e efeitos desagradáveis nos resultados das organizações. A detecção de problemas precisa ser tratada como uma oportunidade de melhoria, não um demérito ou problema. Se a organização estiver envolvida em iniciativas de gerenciamento de processos, ou já for gerida sob as práticas e conceitos de BPM, provavelmente utilizará a descoberta de problemas em seu desempenho como uma verdadeira oportunidade de levantamento de mais detalhes e uma consequente e cuidadosa análise do processo como um todo. Normalmente, gestores que dizem não querer "perder tempo" com o trabalho de análise são gestores que nunca receberam um bom diagnóstico de processos com base na análise. São gestores que estão acostumados a receber diagramas e outros documentos inconclusivos como "produto final" do trabalho de análise de processos.

c) Ao iniciar um projeto de BPM
Por muito tempo as iniciativas, ou projetos de BPM, foram erroneamente encarados como iniciativas ou projetos de reengenharia de processo ou algo parecido, onde o princípio norteador dos trabalhos era jogar tudo fora e construir tudo partindo do zero (*Clean Slate*).

Uma iniciativa de BPM, ou mesmo a sua aplicação diária em organizações mais experientes no tema, considera sempre a possibilidade de descobrir e entender a situação atual dos processos em foco. Portanto, sempre que um projeto ou iniciativa de melhoria de processo com base em BPM estiver iniciando, por mais sucinta que seja, deve-se realizar – antes – uma fase de Análise de Processos.

d) Quando da monitoria contínua
Em organizações mais maduras em gerenciamento de processos de negócio, a monitoria contínua das atividades em execução e a análise de seus resultados são atividades constantes. Nessas organizações, a análise de processos é o ponto de início para o trabalho de proposição de melhorias, sendo o abastecimento de indicadores de processos uma prática comum, e considerada um exercício de gestão em direção à excelência operacional, produtiva e gerencial.
A monitoria contínua do desempenho operacional de processos colabora diretamente para a tomada de decisão de maneira mais proativa ou, até mesmo, de forma preditiva. Apesar de parecer óbvia a ação, sua prática – infelizmente – não é constante em uma considerável parcela das organizações existentes.

e) Com a introdução e uso de novas tecnologias

É muito comum encontrar situações onde a organização precisa investir na aquisição ou no desenvolvimento de novas tecnologias (servidores, bancos de dados, sistemas etc.). Pode parecer estranho, mas boa parte das organizações faz esse investimento sem possuir uma visão global de seus processos. Sendo assim, é comum que o esforço não tenha uma real e apurada noção de como será a adesão de tamanha mudança e, principalmente, a sua verdadeira necessidade organizacional.

Esse tipo de fenômeno se dá por diversos motivos, mas podemos dizer que a falta de visão dos processos por parte dos gestores e a principal causa dessa incauta expansão do parque tecnológico organizacional. Com a realização da análise de processos, o gestor e a organização como um todo terão visibilidade de processos, pessoas e tecnologias de suporte e gestão. Sendo assim, ficará muito mais evidente a necessidade, ou não, de aquisição de novas tecnologias. E no caso de aquisição, a organização saberá exatamente o seu impacto no processo, a sua forma de uso, os seus pontos de controle etc. Além disso, facilitará a produção e a manutenção de um mapa mais atualizado para arquitetura de integração de dados, tecnologia e sistemas organizacionais.

f) Nas fusões, aquisições e reorganizações corporativas

As organizações, ainda hoje, não possuem uma visão real e atualizada de seus processos de negócio e sistemas. Quando muito, estimam desempenho e capacidade produtiva geral. Alguns gestores acreditam que possuem essa visão, mas ao serem questionados sobre qualquer informação, precisam de uma equipe para a geração dos dados e relatórios em geral. Isso é uma falsa percepção de controle. Imagine a complexidade de se unir e gerir organizações que estão se fundindo ou adquirindo outras organizações.

Sem a realização de uma análise dos processos das organizações participantes da fusão, ou da aquisição, esse trabalho se tornará quase impossível, levando ao ponto onde as práticas, os conhecimentos, os sistemas, os procedimentos, a cultura, e outras informações importantes e acumuladas durante a existência da corporação, serão perdidas ou legadas ao esquecimento. Tudo devido a um planejamento feito sem o conhecimento detalhado. A visão detalhada só pode ser alcançada com a análise de processos. Todo o restante é estimativa.

g) Na realização de análise do tipo SWOT

Outra oportunidade de melhor entender o negócio e seus processos é quando se inicia a análise do tipo SWOT (*Strengths*, *Weaknesses*, *Opportunities* e *Threats*). A realização da análise de SWOT pode ser muito mais eficaz com o uso dos insumos produzidos e documentados em uma análise de processos.

Ao avaliar as forças e fraquezas (internas), e as oportunidades e ameaças (externas), a organização está criando um mapa da organização e do mercado onde atua. A informação resultante da análise de processo contribui de maneira bastante eficaz para promover uma visão muito mais clara sobre as forças e fraquezas organizacionais (perspectivas internas da análise de SWOT). Sendo assim, o resultado da análise de processos apoia diretamente a realização dessa autoavaliação estratégica conhecida como SWOT.

Apesar de todo esse poder informacional que a análise de processos pode oferecer para uma organização, poucas vezes encontramos SWOT sendo conduzido com informações reais de processos de negócios. Normalmente, os envolvidos nessas atividades de SWOT não conhecem, não se interessam ou não têm acesso. Esse é um erro comum e decorrente de uma péssima análise de processos. Como sempre digo:

O objetivo do trabalho de análise de processos é entregar informações relevantes para a tomada de decisão.

Não é possível que o analista de processos continue entregando diagramas, fluxogramas, procedimentos em texto e coisas desse tipo. Não é razoável produzir esse tipo de produto e querer que o seu trabalho seja valorizado pelos gestores e reconhecido como estratégico para as organizações.

Há uma discrepância enorme entre as reais necessidades informacionais nas organizações e os produtos que alguns "especialistas" continuam entregando.

Funções e Envolvimento

Vamos considerar a realização de uma iniciativa de BPM, e especificamente na fase de Análise de Processos, onde teríamos os seguintes participantes e funções envolvidas – variando sua quantidade de acordo com o tamanho do projeto como um todo:

a) Gerente de Projeto

É o responsável pela gestão do projeto em si. Deve atuar seguindo os preceitos e práticas de gerenciamento de projetos, assim como garantir o seu bom andamento e reportar sua evolução para a organização.

b) Analista de Processo

É o responsável por levantar as informações, entrevistar os atores, documentar o processo e aprovar o seu entendimento com a organização. Deve seguir os preceitos e práticas de BPM, bem como cuidar da correta percepção do projeto quando no relacionamento direto com os atores envolvidos.

c) Facilitadores

São atores/participantes da iniciativa que, por desempenharem funções no processo, e possuírem acesso a informações importantes, participam do projeto visando uma facilitação de acesso aos insumos do processo. Devem cuidar do relacionamento entre os atores/entrevistados no projeto, as áreas de negócio e o analista de processos.

d) Especialista no Processo

Também são conhecidos como SMEs (*Subject Matter Experts*). São profissionais com grande conhecimento "funcional" organizacional, tanto sobre o processo em análise, quanto sobre as tecnologias por ele utilizadas.
Devem atuar como fontes confiáveis e disponíveis de informação ajudando a dirimir dúvidas e interpretações equivocadas.

Durante a realização da análise de processos, busque sempre:

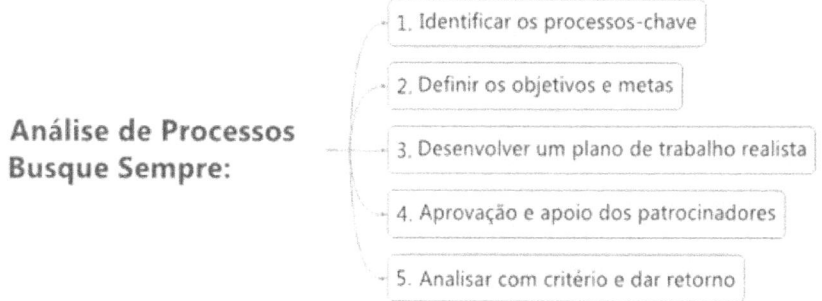

**Análise de Processos
Busque Sempre:**

1. Identificar os processos-chave

2. Definir os objetivos e metas

3. Desenvolver um plano de trabalho realista

4. Aprovação e apoio dos patrocinadores

5. Analisar com critério e dar retorno

1- Identificar os processos-chave do negócio

Com o entendimento do negócio é possível fazer um alinhamento entre a sua estratégia, seus objetivos críticos e os processos existentes.

Os processos que ajudam a organização a alcançar os seus objetivos críticos são considerados os processos-chave do negócio. É por meio deles que a organização viabiliza a sua missão conforme planejamento.

Em BPM, tratamos os processos-chave como processos de negócio, que podem ser de 3 tipos: primários, de suporte ou de gestão.

Um ponto muito importante que deve ser observado ao tentar identificar/definir quais são os processos-chave. Lembre-se, provavelmente, os processos estão fracionados e distribuídos isoladamente ao longo da estrutura funcional da organização. Ao buscarmos a identificação dos processos-chave, ou processos de negócio, devemos promover o agrupamento lógico entre esses processos funcionais e isolados. Esse alinhamento, ou união, permitirá a configuração e a criação de uma cadeia de valor contendo a arquitetura mais significativa dos processos organizacionais.

2- Definir os objetivos e metas que devem ser alcançados

O analista de processos deve fazer com que a análise do processo inicie com a definição clara dos objetivos e metas que devem ser alcançados ao término do trabalho.

Sem essa definição não teremos os parâmetros necessários minimamente para dizermos se a iniciativa alcançou os resultados projetados. Ou seja, definindo os objetivos e metas, saberemos se a análise de processos foi um desperdício organizacional, ou um verdadeiro e bem planejado investimento que possibilitou o alcance de um novo nível de conhecimento sobre os processos organizacionais e suas características mais relevantes (tempo, custo, capacidade, satisfação do cliente e qualidade dos produtos e serviços).

3- Desenvolver um plano de trabalho realista
Atenção para uma armadilha bastante comum no trabalho do analista de processos: achar que já sabemos o suficiente sobre o processo.

É comum acreditar nisso, afinal, atuamos nos processos todos os dias e, provavelmente, já conhecemos os seus problemas e segredos.

Evite essa armadilha planejando a realização da fase de análise de processo com a mesma seriedade e importância que as demais fases das iniciativas de gerenciamento de processos de negócio. Continue na trilha respeitando os limites e atividades necessárias de cada uma das fases.

Mostre para a organização a importância da análise de processos e você conseguirá o apoio necessário. Se não conseguir mostrar a importância, você será pressionado a reduzir essa fase, ou até mesmo eliminá-la de seu planejamento – que é um risco muito alto e comprometedor das demais fases.

4- A aprovação e apoio dos patrocinadores
Nada mais saudável em um projeto, independente de sua natureza, do que ter a aprovação e o apoio dos patrocinadores da iniciativa. Não vou tentar ensinar nestas poucas linhas como conseguir esse tipo de apoio, mas vou reforçar a sua importância para a continuidade dos trabalhos. Fica aqui uma dica: caminhe no projeto lado a lado com os participantes da iniciativa na organização. Tenha bastante cuidado durante as ações de levantamento, definições e aprovações de cada atividade do seu projeto. Isso evitará surpresas desagradáveis, além de permitir a participação do grupo e promover o saudável sentimento de equipe entre as partes.

A definição de objetivos e metas de cada etapa da iniciativa de gerenciamento de processos de negócio é um forte aliado para a conquista – merecida – do apoio e da aprovação de patrocinadores. Lembrando que, muitas vezes é mais importante ter patrocínio "político/estratégico" para as iniciativas de BPM, do que ter somente patrocínio "financeiro/investimento". Obviamente, a comunhão entre os diferentes tipos de patrocínio é um ideal a ser alcançado.

5- Analisar com critério e dar retorno aos envolvidos (*feedback*)
Essa é uma parte importante de se aprovar e buscar o apoio constante. Quando a inciativa é conduzida da forma correta, a organização não precisa ficar solicitando o status com o andamento das atividades. A organização é constantemente envolvida e notificada sobre os estágios e sua completude. Aceite essa boa prática e faça bom uso. Não dê *feedback* (opinião) apenas para a camada de gestão do projeto, mas para todos os envolvidos. Lembre-se, quando envolvemos os participantes na hora de prestar contas sobre o trabalho realizado, estamos buscando aliados com base nos fatos. Quando não damos *feedback* para os participantes, estamos deixando uma névoa de dúvida pairar sobre a nossa capacidade de alcance dos objetivos estabelecidos – não queremos isso.

Submeta para avaliação todos os documentos importantes produzidos em cada fase da iniciativa e peça retorno. Tente fazer com que essas entregas parciais aconteçam antes da data de entrega da versão final.
Quais são os documentos importantes?
Os documentos definidos no método de trabalho, que apoiam na medição de resultados e esclarecem os processos de maneira quase que irrefutável.

Esse tipo de abordagem ajuda a construir uma boa percepção sobre o projeto e evitará futuros retrabalhos.

Durante a realização da análise de processos, evite sempre:

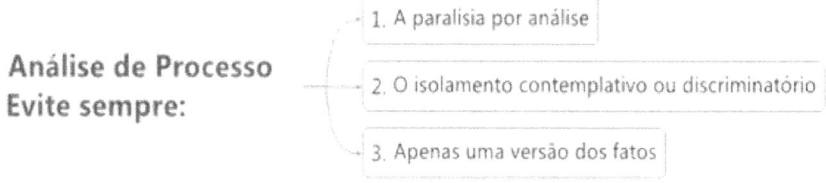

1- A paralisia por análise

Por muitas vezes ouvi as seguintes perguntas:

o   Até que nível devemos detalhar o processo e suas atividades?
o   Quando devemos interromper o levantamento?

Vimos anteriormente, no capítulo de modelagem de processos, algumas formas de determinar quando o detalhamento é suficiente. Devemos evitar ficar buscando mais detalhes, novas informações, descrever até o mínimo detalhe possível. Ao se tentar alcançar a análise perfeita, ou a "mais completa", estamos caminhando para causar uma paralisia por análise na iniciativa, e tudo devido à busca excessiva por informações completas e definitivas.

Isso não é viável. BPM busca a evolução e a melhoria contínua, portanto, controle-se: haverá outra possibilidade de entendimento e melhoria.

Se você precisar definir em uma única resposta qual o nível de detalhe adequado para um bom levantamento e uma boa análise de processos, pense no seguinte:

Qual o objetivo da iniciativa de análise que você está envolvido?

Pode ser alcançar uma visão geral e superficial sobre o processo, medir sua capacidade, custear instâncias de processos etc.

A resposta mais precisa está na definição prévia do objetivo de cada iniciativa.

2- O isolamento contemplativo ou discriminatório

Você já observou que alguns especialistas iniciam um projeto, se instalam em uma sala, ou estação de trabalho, passam longos períodos avaliando os dados disponíveis, e depois, somente quando terminam, apresentam o resultado para a organização?

Você percebe nessas atitudes alguma forma de discriminação, uma noção de que somente aquele profissional sabe o que está fazendo e somente ele poderá nos salvar? Pois bem, você não está sozinho.

Esse tipo de atitude, ou posicionamento, não ajuda em nada uma iniciativa de gerenciamento de processos de negócio, principalmente quando estamos nas fases de descoberta e aprovação de entendimentos.

Uma iniciativa de BPM é um jornada interativa e de cocriação de valor (quando todas as partes envolvidas precisam agir em consonância para alcançar o resultado esperado).

Envolva a organização. Caminhe junto em direção ao sucesso. Não permita se isolar em sua sala, ou na sala do seu cliente. Participe e permita uma maior participação.

3- Apenas uma versão dos fatos

Uma armadilha perigosa, e por muitas vezes negligenciada, é a coleta de informações sobre o processo com uma única fonte de informação, ou sem envolver mais de um ator do processo. Quando aceitamos a pressão de acatar informações centralizadas e oriundas de uma única fonte, estamos nos limitando a entender apenas um cenário – uma dimensão. Ao vermos um único cenário, entenderemos apenas uma pequena porção do todo. Um dos objetivos de se aplicar a gestão e a visão de processo é melhorar a visão do todo. É ter maior visibilidade. Visibilidade é conhecimento e, como sabemos, conhecimento é poder.

Se a gestão por processos é uma evolução da gestão para alcançar uma abordagem interfuncional e colaborativa, precisamos entender que, essa abordagem, deve prover uma visão mais holística da organização. Resumidamente, para ter uma visão holística sobre algo, precisamos aceitar que o entendimento do todo não é possível pela análise isolada de partes.

Conforme já vimos, é sempre importante reforçar que o resultado do trabalho de análise de processos permite a criação da base de conhecimento necessária para a realização de iniciativas de melhoria de processos de negócio. Para que essa fase tenha êxito, devemos realizar determinadas atividades e empregar técnicas específicas.

A partir deste ponto do livro, veremos as principais atividades envolvidas na fase de análise de processos. Obviamente, não cobriremos todas as possibilidades imagináveis, mas veremos algumas das mais importantes e recorrentes atividades realizadas em iniciativas de gerenciamento de processos de negócio (BPM).

Compilei nesta obra as atividades, os conceitos e as práticas de diversas fontes e considerei as experiências e os métodos de mais de uma década de prática em consultoria. Dentre as mais renomadas e confiáveis fontes teóricas, trarei com destaque o conteúdo existente e propagado no BPM CBOK® v3.0. da ABPMP.

Iniciaremos nas próximas páginas a parte mais orientada para as atividades práticas do profissional analista de processos.

Preparação para Análise de Processos

Antes de iniciar a fase de análise de processos é preciso, também, se preocupar com a forma como a iniciativa será realizada, e para isso devemos realizar atividades preparatórias, tais como:

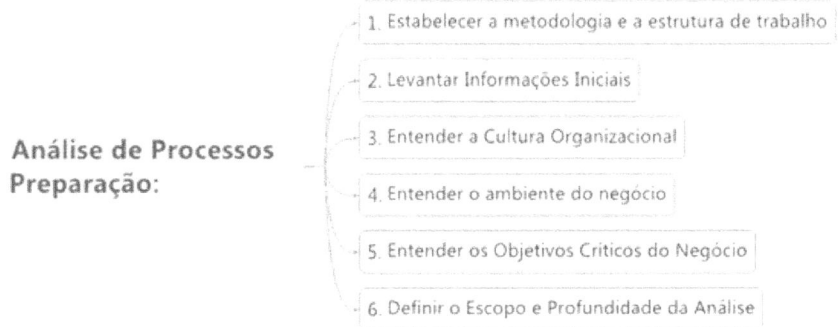

Análise de Processos Preparação:

1. Estabelecer a metodologia e a estrutura de trabalho
2. Levantar Informações Iniciais
3. Entender a Cultura Organizacional
4. Entender o ambiente do negócio
5. Entender os Objetivos Críticos do Negócio
6. Definir o Escopo e Profundidade da Análise

1- Estabelecer a metodologia e a estrutura de trabalho.
Caso a metodologia, ou método de trabalho, e a estrutura de trabalho já estejam definidas, passamos para a realização das atividades subsequentes. Caso a organização não possua um método estabelecido para a realização de iniciativas de gerenciamento de processos de negócio, é importante que o profissional de processos leve para a gestão a importância de definição dessa etapa.

Um método completo de BPM é uma conquista que poucas organizações já alcançaram, porém, é possível estabelecer de forma bastante ágil algumas características que a iniciativa deverá seguir e respeitar, tais como:

✓ A notação de modelagem padrão no projeto
✓ O nível de detalhamento dos processos
✓ O ciclo de aprovação dos modelos gerados
✓ Os papéis e responsabilidades
✓ O ciclo de vida do projeto
✓ O ciclo de vida do gerenciamento de processos de negócio da organização

Com este pequeno e representativo conjunto de definições já é possível iniciar as atividades do projeto com uma considerável segurança e qualidade.

A definição do método e da estrutura de trabalho também depende de inúmeros fatores, tais como:

✓ A organização possui um *framework* estabelecido?
✓ Existem sistemas que suportam o método?
✓ Um único *framework* ou método pode ser usado integralmente, ou a sua combinação será mais apropriada?
✓ A técnica irá ajudar no entendimento do que está acontecendo?
✓ A técnica permitirá a criação de um processo que atenda aos objetivos críticos?

Evidentemente, o ideal é que as organizações evolutivamente desenvolvam e mantenham suas melhores formas de realização e manutenção de iniciativas de melhoria e gerenciamento de processos de negócio. Lembre-se do objetivo principal desta atividade: estabelecer um método e uma estrutura de trabalho capazes de orientar e tornar repetível os esforços da jornada de BPM.

Se tudo já existe, está definido e documentado formalmente, você terá apenas o trabalho de fazer os ajustes necessários para o bom andamento da iniciativa. Se nada existir ou possuir qualquer formalização, você deve cuidar desde o levantamento e a definição até a aprovação final com a organização.

Não é demais lembrar que a metodologia, apesar da forte conotação científico-corporativa que possa ter, não é, e nem deve ser, imutável.
Assim como as iniciativas de BPM, um método de gerenciamento de processos de negócio também deve ser alvo de constante melhoria, mudança e evolução.

2- Levantar informações iniciais

A atividade de levantamento de informações iniciais sobre os processos é o momento ideal para se conseguir reunir o máximo de informações relevantes. Devemos sempre considerar que o tipo de informação dependerá do objetivo da iniciativa, não apenas do objetivo do processo, pois se estivermos levantando informações sobre um processo no qual o projeto prevê apenas sua documentação formal, muito provavelmente o projeto não comportará atividades e esforços inerentes ao detalhamento de interfaces de integração sistêmica, medição de tempo, custo ou capacidade – por exemplo.

Sendo assim, o trabalho de levantamento dessas informações poderá envolver:

✓ Informação estratégica (análise de oportunidade, ameaças etc.)
✓ Análise dos competidores e comparativos
✓ A lógica do processo
✓ A consistência do processo dentro da organização
✓ As pessoas envolvidas no processo
✓ Relatórios de Auditoria
✓ Organograma

Conforme vimos anteriormente, o tipo de informação terá uma relação muito próxima com o objetivo da iniciativa. Dependendo do objetivo, e de outras características da organização, do projeto, e da equipe envolvida, podemos conseguir essas informações por meio de:

✓ Entrevistas com usuários ou grupos
✓ Análise de relatórios com dados históricos, documentos, registros etc.
✓ Análise de modelos e diagramas já existentes
✓ Simulação das situações apresentadas
✓ Aprendizado assistido (aprender e realizar a atividade descrita)
✓ *Brainstorming* (reuniões dinâmicas para a concepção de mapas e modelos significativos)

3. Entender a Cultura Organizacional

Entender a cultura organizacional é descobrir como o trabalho é realizado, qual a verdadeira motivação e que influência exerce nas ações dos atores dos processos. Entender a cultura é:

✓ Entender quais são as "regras implícitas" ao processo
✓ Descobrir quem tem poder sobre o processo (influência)?
✓ Perceber que, se "ele" (o influenciador) não concordar com as melhorias, sua implantação será bem-sucedida?
✓ Verificar se existe a possibilidade de descontentamento com as novas formas de realização das atividades
✓ Avaliar qual o impacto da mudança na cultura organizacional atual

Busque descobrir e entender:

✓ Quais são os líderes envolvidos no processo
✓ Se os líderes não concordarem com as melhorias, será a sua implantação bem-sucedida?
✓ Qual a real motivação dos colaboradores/atores do processo para a realização das tarefas diárias?
✓ A mudança no processo permite a promoção (mesmo que horizontal) dos atores?
✓ Qual a percepção dos colaboradores/atores do processo em relação a iniciativa de gerenciamento de processos de negócio?
✓ O gerenciamento de processos de negócio é visto como mais uma onda ou moda na organização?

4. Entender o ambiente do negócio

Entender o ambiente do negócio é entender como funcionam as interações entre o negócio e o ambiente onde ele está inserido, incluindo:

1. O seu mercado
2. Os fatores externos que o afetam
3. As necessidades dos clientes e sua demografia

4. As estratégias
5. Os fornecedores
6. Como o trabalho é realizado para atender às necessidades dos clientes
7. As oportunidades
8. As ameaças

O entendimento do ambiente de negócio pode/deve se valer do resultado do trabalho estratégico de análise de SWOT como fonte de informação.

Infelizmente, ainda não é uma prática comum compartilhar esse tipo de informação estratégica com o "pessoal de processos".

5. Entender os Objetivos Críticos do Negócio

O analista de processos, ao buscar entender os objetivos críticos do negócio, estará adquirindo maior capacidade de ajuda na definição do processo que – realmente – precisa de melhoria.

Um objetivo crítico, quando bem definido, tem origem no motivo pelo qual uma organização existe e o que define seu sucesso. Hoje em dia, esse tipo de orientação é bastante conhecida como o "propósito" organizacional.

Todas as funções, departamentos e processos da organização existem por um motivo: atender aos objetivos críticos do negócio (ou ao propósito organizacional).

É comum em um negócio ter mais de um objetivo crítico, e assim, uma vez identificado os objetivos críticos, os processos que os suportam também devem ser identificados. Quando devidamente identificados, deve-se classificar e qualificar os processos por importância e impacto positivo no negócio. Lembre-se: ao analisar os processos, é vital buscar e definir métricas para sua futura gestão e monitoramento.

Segundo os conceitos mais atuais sobre processos de negócio, e compatíveis com o BPM CBOK v3.0, os objetivos críticos são alcançados pela realização dos processos primários que, por sua vez, são sustentados pelos processos de suporte. De maneira lógica e interfuncional, todos devem ser geridos por processos de negócio de gestão.

6. Definir o escopo e a profundidade da análise

Essa atividade tem por objetivo definir os limites de início e fim de uma rodada de análise de processos, decidindo sobre a abrangência da iniciativa e o nível de envolvimento organizacional necessário para a boa consecução do trabalho.

Tradicionalmente, quanto mais funções e atividades envolvidas na iniciativa, mais complicada e demorada será a fase de análise de processos. Para facilitar o trabalho de definição de escopo em iniciativas de análise de processos, é comum utilizar o conceito de decomposição funcional – ou refinamento sucessivo de processo. Na definição de escopo para iniciativas de análise de processos, devemos considerar os elementos comuns de uma hierarquia tradicional de refinamento sucessivo:

- ✓ Macroprocesso
- ✓ Processo
- ✓ Subprocesso
- ✓ Atividade
- ✓ Tarefa

Exemplificando, devemos considerar que, um conjunto de tarefas inter-relacionadas para alcançar um objetivo ou produto, provavelmente, define o escopo de uma atividade. Continuando com a composição, as atividades agrupadas por afinidade de relacionamento em relação ao mesmo objetivo/produto definem o escopo de um subprocesso/processo.

Outro ponto importante a ser observado é a priorização dos processos de negócio que serão analisados conforme a sua relevância, e para tal é essencial considerar uma hierarquia simples, mas eficiente, onde teríamos por ordem de importância organizacional:

1. **Processos Primários**
2. **Processos de Suporte**
3. **Processos de Gestão**

Dependendo da maturidade da organização sobre o tema, também é possível avaliar o esforço que será despendido na sua execução, no seu custo, e o benefício final gerado e, com essa avaliação, definir quais processos serão abordados no escopo inicial.

Relevância entre Processos e a Jornada do Cliente

Para avançar na melhor definição de relevância entre os diversos processos de negócio em uma organização, vamos aproveitar esse ponto do livro para reforçar o conceito de "Jornada do Cliente".

Por qual motivo costumamos definir que os processos de negócio primários são os mais importantes/relevantes?

É simples. Um processo de negócio primário é "mais relevante" por diversos motivos, sendo o principal, a sua relação direta com a vida dos clientes da organização.

Os processos de negócio primários interagem com clientes por meio de pontos de contatos (múltiplos canais de relacionamento), sendo que cada ponto de contato colabora para a formação de um "momento da verdade" para o cliente, onde o resultado desse relacionamento se traduzirá em elementos que irão compor a percepção de valor. Ou seja, a soma dos resultados de cada momento da verdade é igual a percepção de valor de cada cliente.

Para cada cliente, a percepção de valor sobre um produto ou serviço de uma organização está diretamente relacionada com a jornada de relacionamento que esse cliente teve com os produtos e serviços dessa organização.

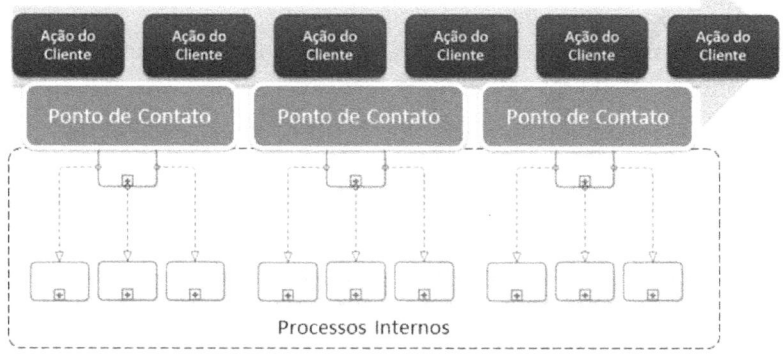

Figura 26 – Jornada do Cliente, Pontos de Contato e Processos (internos/externos)

É uma percepção de valor criada fora dos limites internos da organização e seus processos. Os clientes, na maior parte das vezes, não querem saber sobre processos internos, porém, exigem uma experiência positiva com os produtos e serviços das organizações. Sendo assim, os processos de negócio primários demandam muita atenção e cuidado em sua gestão e consecução. Se nos colocarmos no lugar do cliente, entenderemos imediatamente o quão "desinteressante" é ser envolvido em processos internos de uma organização.

Sabe quando você está com um problema em um produto/serviço de uma organização e precisa ligar para pedir ajuda? Quando o atendente informa que seu pedido/processo "estará sendo analisado pela área x", você fica feliz? Esse é um exemplo clássico de falha nos processos primários, que derivam em péssimos momentos da verdade – mesmo que haja uma solução posterior do problema. Ninguém adquire um produto ou serviço para ficar ligando para a organização que disponibiliza o produto/serviço. Ao comprarmos uma geladeira, queremos preservação de alimentos. Simples assim.

Enquanto cliente, qualquer coisa diferente que eu tenha que fazer em relação a minha geladeira, será um transtorno. É um defeito. Um problema. Toda vez que um cliente precisa contatar uma empresa, fatalmente, essa empresa está destruindo a percepção de valor de seu cliente.

Finalizando a ponderação sobre relevância de processos frente a jornada do cliente, é preciso entender que o que acabamos de ver não foi feito para definir que processos de suporte ou de gestão não têm importância. É apenas uma forma de reforçar que, sim, concordamos que a gestão e a sustentação operacional da organização são importantes. Porém, se o cliente ainda está sofrendo ou insatisfeito do lado de fora, não adianta focar somente na busca de melhoria e excelência operacional interna. Esse tipo de iniciativa de busca da excelência operacional interna – e desconectada da jornada do cliente – é uma abordagem obsoleta e que se torna insustentável a curto e médio prazo.

O analista de processos, além de entender a importância da jornada do cliente para as organizações, cada vez mais, deve se especializar nesse assunto e, sempre que possível, trazê-lo para a pauta das reuniões de definição de escopo de projetos de processos ou outras ações relacionadas.

É uma mudança cultural mais que necessária para todos nós. Afinal de contas, a sociedade é o grande cliente de toda organização. Nós somos parte da sociedade.

Atividades da Análise de Processos

Uma boa prática para qualquer início de projeto, e o início da fase de análise de processos não foge a regra, é a realização de uma equalização de conhecimentos e expectativas. É sempre muito saudável, e de muito bom tom, que todos os envolvidos no projeto saibam o real motivo do trabalho, a sua importância para a organização, seus clientes, e claro, entendam e falem a mesma língua desde o princípio.

A técnica mais comum para viabilizar esse entendimento inicial é a realização de *workshops* (oficinas) de apresentação e nivelamento. Dependendo do tamanho da equipe envolvida no projeto, e da sua disponibilidade de tempo e alocação no projeto, muitas vezes é possível realizar essas reuniões de *workshop* com todos os integrantes presentes, ocupando apenas duas ou três horas. É importante que essa reunião seja conduzida com muita clareza, objetividade e alguma didática, pois, caso contrário, a percepção do projeto pode sofrer interferências, e, essas interferências iniciais, podem gerar resistência humana ao longo da jornada.

Durante o *workshop* evite ficar distante da realidade dos participantes, procure mostrar que você entende o verdadeiro motivo de estar ali. O motivo é ajudá-los. Portanto, uma boa reunião de levantamento, seguida de uma boa reunião de alinhamento geral (*workshop*) é praticamente uma garantia de início mais tranquilo para as iniciativas e projetos de BPM.

Se você conduzir essas reuniões com sucesso, muito provavelmente ganhará novos aliados ao projeto.

A seguir veremos as principais atividades da fase de Análise de Processos.

1. Entrevistar Atores

Esse é dos métodos mais importantes para a obtenção de informações detalhadas e ricas sobre os processos. É muito importante envolver e buscar entrevistar os donos do processo, *stakeholders* (internos e externos), atores e outros participantes do processo. Esse tipo de atividade é, certamente, melhor realizada por meio de entrevistas presenciais, mesmo se houver a possibilidade de virtualização (vídeoconferência etc.). Outra característica dessa atividade é que as entrevistas podem acontecer durante quase toda a fase de análise, podendo até mesmo demandar entrevistas adicionais à medida que a análise e o entendimento do processo evoluem. Considerando as questões metodológicas e estruturais do projeto como já resolvidas, podemos dizer que esta pode ser a primeira atividade do ciclo de vida do projeto que está direcionado para alcançar ou promover a melhoria dos processos.

O analista de processos deve elaborar com o coordenador/gerente do projeto um plano de trabalho onde esteja prevista a realização de reuniões de coleta de dados, entrevistas e entendimento geral. O mais comum, quando um projeto não tem seu patrocinador na camada estratégica, é que se tenha acesso apenas a informações do tipo: regras de negócio, lógica do processo, sistemas envolvidos, inconsistências de dados etc. O analista de processos deve sempre buscar o uso de ferramentas de suporte ao entendimento e à documentação das entrevistas.

Com boas entrevistas, e ao descrever os processos, o analista de processos alcançará uma visão sobre as seguintes perspectivas:

- **Funcional/Comportamental**
  Representação do processo com foco nas atividades envolvidas, suas sequências e a evolução ao longo do caminho.

- **Organizacional**
  Representação das responsabilidades, das interdependências e da autoridade dos participantes.

- **Informacional**
  Representação da informação recebida, produzida ou transformada ao longo do processo.

IMPORTANTE

- Ao entrevistar os atores do processo, evite o sentimento de culpa (seu e dos entrevistados).
  Devido às características analíticas e investigativas da atividade de entrevistar atores do processo, é comum encontrar participantes se sentindo culpados pelo resultado do processo. Esse sentimento de culpa pode atrapalhar a clareza e a completude das informações que o analista de processos terá a disposição. Outra situação igualmente comum é o analista de processos se sentir culpado por estar questionando o processo e evidenciando as falhas. Muito cuidado com essa armadilha. O objetivo da entrevista é descobrir como (descritivamente) as atividades são realizadas.

- Não permita uma caça às bruxas.
  Ao conduzir as reuniões de levantamento e entrevistas com os atores do processo, o analista de processos não deve permitir que o foco seja desviado, evitando sair do processo e suas atividades, e entrar em quem faz e quais suas dificuldades. Esse tipo de desvio acontece com bastante frequência, e quando percebido pelo profissional, deve ser imediatamente interrompido. O processo não deve ter um caráter de personalização, deve sempre buscar ser mais "institucional".

2. Analisar os modelos

A atividade de analisar os modelos dos processos consiste, basicamente, em responder às diversas questões sobre o processo e gerar dados que possam garantir que as conclusões estão baseadas em fatos concretos. Lembrando que somente podemos analisar modelos se eles já estiverem prontos. Pode parecer redundante e óbvio declarar isso, mas é muito comum encontrar esse tipo de dúvida em sala de aula e nos projetos. Ou seja, se não houver um diagrama, um mapa ou um modelo de processo pronto, a atividade que precisa ser realizada é a atividade de modelagem (representação gráfica) desse processo.

Considerando o modelo como existente, vamos entender o objetivo do trabalho de análise dos processos, partindo do princípio de que o analista deve buscar um entendimento geral sobre "o ambiente do negócio do processo e sua razão de existir". Um entendimento mínimo sobre questões essenciais, tais como:

- O que o processo procura realizar?
- Onde o processo se encaixa na cadeia de valor?
- Qual o real estado de seu funcionamento atual?

Métricas de Desempenho (planejado x realizado)
- Quais são os parâmetros e indicadores de desempenho?
- O processo atual está em conformidade com as métricas definidas?
- O processo está consumindo muito tempo para sua realização? Qual o motivo?
- O que representa exatamente "muito tempo" para o processo?
- Se tempo é a métrica, podemos ignorar custos?
- Onde estão os pontos de monitoramento?

Interações com clientes
- Geralmente, quanto menor o número de interações desnecessárias com a organização, mais satisfeito o cliente.
- Quem é o cliente? Quais suas necessidades? Quais as reclamações?
- Qual o número de interações entre o cliente e o processo?
- Existe redundância/retrabalho nas interações?
- Como sabemos quando e como o cliente está satisfeito?
- Como o cliente gostaria de interagir com o processo?

Interações entre clientes
- Como os clientes interagem entre si?
- A organização está monitorando redes sociais e as opiniões dos clientes?
- Como a organização entende os diversos tipos de cliente e seus valores?

Handoffs (Pontos no processo onde o trabalho ou a informação passa de um sistema, pessoa ou grupo para outro)
- Geralmente, quanto menor o número de *Handoffs*, menos problemático é o processo
- Qual *Handoff* tem maior capacidade de "quebrar" o processo?
- Algum *Handoff* está criando gargalos de informação ou serviço?
- O intervalo de tempo entre as atividades com *Handoff* está sendo devidamente medido?

Regras do Negócio (Declarações formais sobre a regra de realização de atividades)
- As regras atuais causam obstáculos exigindo aprovações e passos desnecessários?
- Como foram criadas as regras, com base em que e quando?
- Elas permanecem necessárias?
- Se eliminarmos/mudarmos essas regras, qual seria o resultado?
- O processo é flexível o suficiente para suportar mudanças nas regras de negócio?

Gargalos (Limitações no processo que criam acúmulo de trabalho)
- O quê está sendo restringido: Informação, produto, serviço?
- Qual o real motivo da existência do gargalo, e quais os fatores que estão contribuindo – pessoas, sistemas ou cultura organizacional?
- O gargalo é resultado de um *Handoff* ou falta de informação?
- O gargalo está sendo criado devido a restrições de recursos e de qual tipo – humano, sistêmico, equipamentos?

Variações
- Qual o limite tolerável de variação para o processo?
- Quais os pontos com mais variação nos resultados?
- A automatização de atividades pode eliminar ou reduzir as variações existentes?
- Se a variação é inevitável, como podemos controlar melhor e agir de maneira preditiva?

Custo
- Qual o custo total de cada instância do processo em seus diferentes cenários de realização?
- Podemos refinar o processo até o menor ponto de alocação de custo?
- Estamos em consonância com o padrão de mercado?
- Automatização de atividades ou mudança de tecnologia podem ajudar na redução do custo?

Considerações Humanas
- Quanta variação é inserida com a participação humana? É tolerável?
- Podemos automatizar determinada atividade?
- Qual o resultado esperado pelo elemento humano e para a cultura da organização?
- Qual a complexidade real da tarefa e quais as habilidades necessárias para a sua realização?
- Quanta informação está disponível para a realização da atividade? É suficiente?

Controle do Processo
- A necessidade de assinatura de um documento = Controle do Processo
- Os passos necessários para obter a assinatura = Processo de Controle
- As atividades de controle do processo estão interferindo no andamento do processo e as atividades que adicionam valor?
- O controle é uma necessidade do processo ou apenas uma desconfiança gerencial institucionalizada?

Capacidade
- Existe alguma medição de capacidade do processo?
- A medição de capacidade está considerando as interrupções comuns ao processo?
- Consideramos o percentual de alocação e disponibilidade dos recursos de maneira correta?
- Qual a capacidade do processo quando o fluxo de valor (sequência de atividades com adição de valor) é o único caminho percorrido?
- Temos o resultado da capacidade quando existe retrabalho ao longo da jornada?

3. Documentar a análise

A atividade de documentar o resultado da análise de processo, pode ser considerada como o último passo dessa fase, servindo, inclusive, como um acordo formal entre os participantes do projeto.

O objetivo principal dessa atividade é ratificar o entendimento e a qualidade da informação sobre o processo, pois com o material produzido teremos a base para apresentação dos resultados da fase do projeto.

Lembre-se, a documentação da análise do processo deve conter uma representação do estado atual do processo (*As Is*) e, quando solicitado, um diagnóstico com informações relevantes para a tomada de decisão.

Qualquer representação que não corresponda à realidade vigente do processo deve ser mantida fora do modelo final.

Algumas formas comuns para documentação da fase de análise de processos:
- Modelo do processo atual (*As Is*)
- Documentos complementares detalhando:
  - Visão do Ambiente do Negócio
  - Objetivo do processo (razão de existir)
  - Lacunas e Oportunidades de Melhoria (razão para mudança)
  - Planilhas com detalhamento de cenários
  - Descritivos de Atividades e Processos
  - Glossário

- — Custo por instância do processo
- — Capacidade por cenário de realização
- — Declaração de Participantes e Responsabilidades
- — Indicadores de desempenho operacional
- — Outros

Estratégias e Técnicas de Análise de Processos

Veremos adiante algumas estratégias e técnicas utilizadas na fase de análise de processos. Considerando o objetivo deste livro, apontaremos os conhecimentos que o analista de processos precisa desenvolver, bem como as habilidades inerentes.

A seguir veremos o escopo inicial, que é composto das formas e dos objetivos mais comuns da análise de processos no mercado como um todo. Existem diversas outras técnicas e estratégias específicas para se analisar processos, mas se o leitor puder desenvolver ao menos um conhecimento mais aprofundado nas que aqui são apresentadas, certamente, estará se diferenciando no mercado e começando muito bem o seu trabalho como analista de processos.

Um ponto importante que gostaria de salientar: em muitos projetos que participei no Brasil, procurei profissionais para compor as equipes e, infelizmente, na grande maioria das vezes, existia um vale entre o conhecimento necessário para o trabalho e o conhecimento disponível. Portanto, considere o seu aprendizado até este ponto do livro como um grande passo dado, mas que é apenas um dos muitos outros que você ainda terá que realizar para se tornar um analista de processo com proficiência necessária para implantar/apoiar o BPM nas organizações. Sem mais delongas, vamos entender um pouco mais cada uma das estratégias e técnicas escolhidas para esta edição do livro.

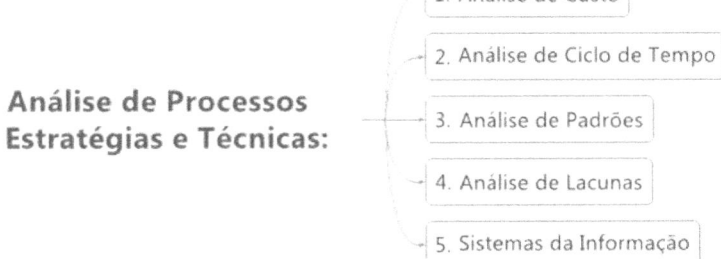

1. Análise de Custo

Fundamentos: atribuir custos às atividades e atribuir o custo das atividades aos produtos/serviços. Combina a análise de custos de pessoas, tecnologias, materiais, métodos e seu ambiente de realização, tendo como objetivo a produção de produtos/serviços.

Vantagens no uso
* Identificação dos maiores consumidores de recursos.
* Identificação do custo da atividade e custo total do processo.
* Identificação das atividades que não agregam valor.

Desvantagens
* Dificuldade de envolvimento dos atores.
* Muitos dados e informações disponíveis.
* Grande necessidade de controle.

Considerações:
O analista de processos precisa utilizar e dominar o máximo de ferramentas que for possível para produzir uma análise com qualidade. A atribuição de custos às atividades do processo deveria ser uma prática mais comum, afinal, o idioma comum do negócio ainda é dinheiro. Porém, por ser uma atividade que envolve normalmente, áreas da organização como financeiro, controladoria, RH, essa atividade acaba sendo deixada de lado.

Não fazer uma análise de custo é perder grandes oportunidades de melhoria nos processos, e mais importante ainda: não realizar a análise de custo de atividades é abrir mão da evidência de resultados reais.

Vou descrever uma situação que vivi algumas vezes, e em clientes de mercados e indústrias completamente diferentes.

Você sabe quanto custa lançar um novo produto no mercado?
Você sabe, realmente, como a organização está utilizando os recursos disponíveis?

Considere nessa conta, desde a concepção inicial da ideia, sua avaliação de viabilidade de venda, seu tempo de desenvolvimento interno, todas as questões sistêmicas, de comunicação, as questões legais e mais a capacitação de seus colaboradores em relação ao novo produto. Esse é um processo vital, e por isso mesmo, envolve praticamente todas as áreas das organizações, consumindo muitos recursos e levando muito tempo.

Ao iniciar o trabalho de análise desse processo, solicitei à área financeira das organizações qual era a formação desse custo total e todos os seus componentes. Recebi diversos modelos de custo baseado em ABC – *Activity Based Costing* (Custeio baseado em atividades), e claro, o custo total do processo influenciando diretamente a formação de preços e bonificação pelo resultado de vendas.

Encurtando a história, ao término do projeto, após o levantamento e a modelagem do processo interfuncional (ponta a ponta) e a importante adição de custo de cada elemento de cada atividade e seus direcionadores, chegamos a um resultado um tanto quanto desconfortável para muitos gestores. Porém, esse mesmo desconforto de informação, trazia consigo uma nova direção para a melhoria organizacional e que deveria ser buscada por todos.

Nesse exemplo, as organizações produziam e comercializavam produtos com valores que se mostraram sem condições de alcance da margem projetada. Os produtos deveriam custar mais, pois o processo de desenvolvimento era muito mais caro do que se pensava. Ou melhor, os processos precisavam mudar e reduzir seus custos para realmente viabilizar o resultado projetado.

Esse é o tipo de análise que os processos precisam ter, mas que ainda é muito pouco realizada pelos profissionais.

Esse é o tipo de informação que os tomadores de decisão precisam receber. Gestor não gosta de diagrama. Quem gosta de diagrama é profissional de processos.
Gestor precisa de informação com qualidade. Prover essa informação é o trabalho do analista de processos.

2. Análise de Ciclo de Tempo

A análise de ciclo de tempo também é conhecida como análise de duração. Esta análise busca descobrir e evidenciar o tempo total de realização das atividades de um processo.

Para realizar uma análise de ciclo de tempo, é preciso medir as atividades, desde o momento de entrada (*input*) até o momento de criação da saída esperada (*output*) – incluindo o tempo de início das atividades subsequentes.

Lembre-se:
O tempo total para a realização das tarefas do processo é igual ao tempo total que o processo leva para ser realizado. Este tipo de análise é muito útil na descoberta de atividades repetitivas e sem muito valor agregado ao processo.
A inclusão do atributo "tempo" em cada atividade dos processos é realizada com grande facilidade pela maioria das ferramentas de modelagem, simulação e análise de processos disponíveis no mercado – mesmo as gratuitas.

Considerações:
Ainda é muito comum encontrar grandes esforços de levantamento, modelagem, análise e desenho de processos que não consideraram o tempo real das atividades como um elemento decisório.

Em grande parte, isso se deve ao fato do projeto começar com muita pressa, negligenciando a fase de análise, não permitindo ao analista a coleta desse tipo de informação e, muito menos, a sua utilização na simulação de cenários diversos para a execução dos processos.

É responsabilidade do analista de processos adquirir essa capacidade de trabalho. Cabe ao analista de processos demonstrar a importância da análise de ciclo de tempo para o projeto e, principalmente, o seu impacto no processo.

É com base na informação de tempo que chegaremos aos resultados da análise de capacidade. Além disso, ter os tempos dos processos, também nos permite custear com mais precisão as instâncias e os recursos utilizados.

3. Análise de Padrões

A análise de padrões busca identificar atividades que são realizadas com alguma constância nos processos e quase sempre de uma mesma forma. O trabalho do analista de processos é identificar essas atividades no modelo de processos e, com sua identificação, buscar definir um conjunto de atividades que podem vir a se tornar um subprocesso melhorado e com maior capacidade. Também é bastante comum encontrar grupos de atividades e comportamentos que se repetem em várias áreas das organizações. Muitas vezes, esses trabalhos são praticamente iguais, variando apenas em detalhes informacionais. Nesses casos, esses padrões replicados são tentativas desestruturadas de se garantir alguma qualidade e continuidade ao processo.

É um problema bastante comum que sistemas e atividades continuem a se mimetizar (reproduzindo e imitando) dentro de uma organização e, com o trabalho de identificação desses padrões, podemos permitir maior eficiência no processo, salvando muitos recursos e reduzindo o tempo total. Naturalmente, com o reconhecimento desses padrões é muito provável ocorrer a descoberta de duplicações e redundâncias de trabalho.

Considerações:

Nesse ponto do ciclo de vida de uma iniciativa ou prática de BPM, o analista de processos deve identificar esses padrões e analisar seu comportamento e motivo de existir. O resultado dessa análise pode ser descrito na forma de direcionador de melhoria para a próxima fase do ciclo de vida – desenho de processos.

Uma das grandes vantagens de se analisar padrões de processos é garantir que o novo e melhorado processo não possua/repita redundâncias em sua realização. Esse tipo de visão não é possível de se alcançar sem realizar uma correta modelagem do processo e análise.

Esse é mais um argumento que o analista de processos precisa ter para garantir a realização da tão delicada fase de análise de processos. Apesar de muitos profissionais declararem como "perda de tempo" o trabalho de analisar processos problemáticos, não pule esta fase! Você já sabe as reais consequências.

Quem não vê valor no trabalho de diagnóstico de processos é porque não sabe do que está falando, ou nunca recebeu um diagnóstico bem-feito.

4.   Análise de Lacunas (*Gap*)

Esse tipo de análise também é conhecido no mercado como *Gap Analysis*. Em gerenciamento de processos de negócio, o objetivo maior desse trabalho é tentar responder por meio de provas concretas onde estamos e qual a diferença para onde queremos estar.

O trabalho é realizado por meio da comparação entre os resultados de processos, ou de cenários de processos. Na fase de análise de processos, o analista não terá o novo processo pronto para comparar com o atual, portanto, a análise de lacuna será realizada entre cenários que retratam a situação atual do processo. A análise de lacuna demanda que os modelos dos processos que estão sendo analisados possuam informações importantes, tais como tempo, custo e capacidade. Sem essas informações, não é possível fazer uma análise com relevância organizacional.

Existe um grande ganho na realização de simulação de processos *As Is*. Sendo bastante direto, devo dizer que simular um processo *As Is* não serve apenas para gerar e coletar dados para comparação com o modelo de futuro do processo, mas, principalmente, serve para testar a qualidade do trabalho realizado na fase de análise de processos.

Se o resultado da simulação *As Is* for muito diferente do resultado histórico atual da organização, provavelmente, temos erros na análise e/ou no resultado histórico coletado. Cientes dessa informação, no mínimo, seremos capazes de "acender a luz amarela" e tratar da questão com o devido cuidado.

Considerações:

Atualmente, muitas ferramentas de modelagem de processos possuem alguma capacidade de simulação e geração de relatórios de análise, mas nada que não possa ser feito manualmente em uma planilha eletrônica. A análise de lacunas é de grande valor, principalmente quando o projeto ou iniciativa de BPM avançar para a fase de desenho, pois, quando chegar nesse ponto, o analista terá condições de avaliar a realidade atual, ou o processo *As Is*, com a realidade proposta para o novo processo, ou processo *To Be*.

Esse tipo de resultado pode ajudar muito na hora de decidir sobre as abordagens internas dos processos, tais como realocação de recursos, eliminação de atividades humanas desnecessárias, composição de novas atividades sistêmicas etc.

5. Sistemas da Informação

A análise dos sistemas da informação pode ser considerada a análise mais simples de se realizar, justamente por não envolver muitas pessoas e, principalmente, baseia-se em fatos concretos.

Tipicamente, devemos considerar ao menos duas técnicas durante a análise de sistemas da informação:

Fluxo da Informação

É a busca pelo entendimento de como os dados do processo fluem entre os sistemas envolvidos e os seus pontos de interação.

Simulação discreta de eventos

É usada para gravar o momento de um evento ou a mudança de seu estado, tal como observar o momento de registro da entrada do pedido, e da hora exata do envio/saída do produto.

Considerações:

Uma das observações mais importante que precisa ser feita nesse ponto da análise de processos, é: envolva desde o início a equipe de tecnologia da organização (TI). Sem o envolvimento da TI, além de você encontrar maior dificuldade para realizar uma modelagem contemplando os sistemas envolvidos, você não terá condições de avaliar qual o verdadeiro impacto da tecnologia na realização dos processos. Certas informações ficam inacessíveis se não tivermos o envolvimento dos facilitadores mais adequados. Considere a TI como um importante facilitador dos seus trabalhos para análise e melhoria de processos.

Relação de dados coletados para análise dos processos

Dados normalmente coletados	Dados que dependem do objetivo da análise e modelagem
Atividade	Custo por atividade
Comportamento	Tempo de Atividade
Recurso	Competências necessárias
Relação entre atividades	Sistemas em uso
Agente	Unidade organizacional
Entidade de Informação	Leis, Normas, regulamentos, etc. aplicáveis
Evento	Novos conceitos, siglas, termos adotados no processo
Validação	Desvios no processo

Após a leitura deste capítulo, acredito que o leitor tenha adquirido a real percepção da grande importância da fase de análise de processos, e por meio dessa constatação essencial, tente evitar ao máximo "pular" essa etapa nas iniciativas e projetos de BPM.

O profissional de processos, ou mais especificamente, o analista de processos é o responsável direto por transmitir a importância das atividades dessa fase. Sendo assim, esse profissional não pode permitir que a análise dos processos atuais não seja realizada – por qualquer que seja o motivo: projeto atrasado, a equivocada certeza de que a organização já sabe qual é o problema e não precisa perder tempo analisando etc.

A fase de análise de processos é o que dá início ao esforço de melhoria dos processos, serviços e produtos das organizações. Uma organização iniciante em BPM deverá modelar e analisar seus processos. Uma organização mais madura na disciplina precisa analisar e refinar seus processos. O ciclo é contínuo e não existe linha de chegada.

Quem determina a necessidade de melhoria é o próprio mercado com os seus clientes. Somente após uma boa rodada de análise teremos condições de propor boas melhorias. Se houver dúvida quanto ao valor da fase de análise, pergunte: quanto vale o conhecimento sobre os processos de uma organização?

Capítulo 5

Desenho de Processos

"Um problema bem declarado é um problema meio resolvido."
Charles F. Kettering

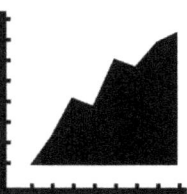

Desenho de processos, ou como é comumente chamado pelo mercado em geral, desenho de processos *To Be*, deve ser entendido como a fase que trata do projeto de proposição de melhorias nos processos das organizações. Em relação ao BPM CBOK v3, o desenho de processos é, formalmente, uma das nove áreas de conhecimento. Dentro de um ciclo de vida para BPM, é uma fase específica que trata da definição do novo processo e que precede a fase de implantação do novo processo. Desenhar processos é criar a representação das especificações de um processo melhorado, contendo:

✓ Suas metas e objetivos
✓ Desempenho desejado
✓ Fluxo projetado para o trabalho
✓ Plataformas e tecnologias utilizadas
✓ Fontes de dados e informações
✓ Controles operacionais e financeiros
✓ Integração e interação com outros processos (externos/internos)

Durante a fase de desenho de processos (*To Be*) devemos buscar a aplicação direta do conhecimento gerado pelas resultado do trabalho da fase de Análise de Processos (*As Is*). Com o conhecimento adquirido, teremos condições reais de propor melhorias ao processo com base em fatos evidenciados anteriormente, e assim, o trabalho da fase de desenho de processos produzirá o equivalente a uma planta baixa (*blueprint*) para o projeto de implantação do novo processo.

Por que devemos fazer o desenho de processos?
Seguindo o método de trabalho, devemos respeitar o ciclo de vida e avançar evolutivamente nas fases propostas para garantir o uso das informações coletadas e aprovadas durante a fase de análise de processos.
Ao longo dessa fase, buscaremos garantir a eficácia e a eficiência de um processo, ou seja, devemos garantir que ele produza os efeitos desejados, e da forma planejada. Com o desenho de processos, temos condições de direcionar o novo processo para alcançar melhoria da capacidade competitiva, inclusive, melhorar o *Time to Market* – tempo total desde a concepção da ideia à entrega do produto ou serviço.

Funções e envolvimento

Considerando a realização de um projeto ou inciativa de BPM, especificamente na fase de desenho de processos, teremos os seguintes participantes e funções envolvidas – variando sua quantidade de acordo com o tamanho do projeto como um todo:

Liderança executiva

É o responsável por certificar de que o processo atende às necessidades da organização. Deve concordar/apoiar as mudanças antes da fase de implantação.

Equipe de Desenho

Stakeholders, especialistas no processo, participantes do projeto.
É responsável por validar o conteúdo do modelo do novo processo.

Subject Matter Experts (SMEs)

São especialistas no processo (internos/externos).
Conhecedores do negócio e da tecnologia envolvida em sua realização.

Participante

É quem atua em atividades que afetam diretamente o resultado do processo. Deve trabalhar com proximidade ao dono do processo.

Stakeholders

Pessoas que tenham interesse nos resultados parciais ou totais do processo.
No contexto de BPM, são partes interessadas que também interagem ou respondem por etapas do processo.

Cliente
Pode ser envolvido no momento de definir e de testar o novo processo. Seu envolvimento na fase de desenho do novo processo aumenta consideravelmente a chance de sucesso do produto ou serviço.

Líder/Gerente de Projeto
Deve garantir o cumprimento da agenda, do plano de projeto, do plano de comunicação, do escopo e da mitigação de riscos.

Facilitadores
Devem ajudar no desenho do novo processo, pois são conhecedores e envolvidos com os processos e as necessidades da organização.

Dono do Processo
Também pode fazer parte da equipe garantindo o atendimento às necessidades do negócio e da relação entre a melhoria, os custos da iniciativa e sua viabilidade.

Atividades do Desenho de Processo

Veremos a seguir algumas das principais atividades que precisam ser realizadas durante a fase de desenho de novos processos.

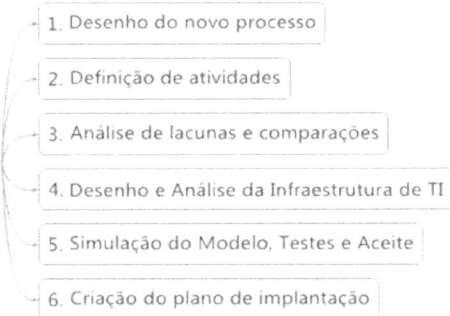

1. Desenho do novo processo

A atividade de desenhar o novo processo pode se valer de inúmeras ferramentas, desde o uso de um simples quadro branco, Post-it coloridos, até softwares avançados e específicos. Normalmente, utilizamos técnicas como *brainstorming*, scripts de cenários e roteiros, modelagem em tempo real com software específico etc. A sua definição depende de diversos fatores, tais como a cultura da organização e a infraestrutura disponível para a realização do trabalho. Esta atividade possui como característica a busca de garantias de que o modelo projetado atenderá às expectativas da organização. Serve como documentação escrita do processo, detalhamento de atividades, interações com clientes, regras de negócio e seus produtos. Vale aqui uma observação: quanto mais simples e objetivo o modelo, melhor o processo será!

Um processo que foi reprojetado/melhorado, mas seu modelo continua confuso como no *As Is*, só pode haver algo de errado. No mínimo, a modelagem não foi bem-feita e conceitos ultrapassados continuam existindo na representação. Pior ainda, o projeto de melhoria terminou por complicar ainda mais o processo... Fica o alerta desde já.

2. Definição de atividades dentro do processo

Já vimos anteriormente que atividades são uma série de trabalhos realizados para a execução de um processo, e qualquer método para sua definição é válido, desde que as atividades possam seguir uma ordem, e, ao término, representem o processo final.

Para evitar problemas durante a definição de atividades do novo processo procure manter o foco nas atividades, não nos atores. Inicialmente, o objetivo durante a definição das atividades é definir o que será feito.

Outro ponto importante que devemos ter cuidado é buscar manter o processo o mais simples possível. Um processo simples é, no mínimo, um processo de fácil leitura e entendimento por parte dos demais envolvidos no processo.

Uma ótima opção ao projetar processos melhorados é, sempre que possível e interessante, tentar criar paralelismo entre atividades. O paralelismo entre atividades não é caracterizado pela criação de atividades iguais que são realizadas em paralelo, mas sim, pela realização de atividades complementares ao processo que podem ser iniciadas em paralelo e, ao término, unem seus resultados e permitem a continuidade do fluxo de valor do processo.

Existem diversos padrões (*Design Patterns*) para divisão de trabalho e união de resultados (*Split-Join*) com uso de BPMN e que podem ajudar muito o analista de processos. Como já falamos anteriormente, a arte de modelar processos depende de estudo e prática. Portanto, estude, pratique e refine sempre suas habilidades em modelagem de processos.

3. Análise de lacunas e comparações

Quando seguimos as fases de um ciclo de vida para BPM, adquirimos habilidades essenciais; entre elas, a capacidade de comparar resultados atuais contra resultados projetados.

A atividade de analisar lacunas e comparações é a busca por uma comparação entre o resultado apurado do processo atual contra o resultado planejado do novo processo. Esse tipo de análise ajuda a delimitar as mudanças necessárias no novo processo e serve de demonstrativo de "ganhos". Com a realização da documentação do resultado das comparações entre o "novo" e o "velho" processo é possível garantir maior aderência a nova forma de gestão e execução do processo. Para a realização dessa atividade, é comum utilizar ferramentas de simulação e análise modernas, ou caso não tenhamos acesso, podemos recorrer ao uso de planilhas eletrônicas demonstrativas.

Se foi feita simulação do processo na fase de análise, teremos disponível na fase de desenho um material rico e facilitador de comparações.

Se não houve qualquer simulação na fase de análise, perdemos a oportunidade de fazer comparações entre os processos.

4. Desenho e análise da infraestrutura de TI

Essa atividade pode ser decisiva para o sucesso do projeto de melhoria do processo, portanto, não realizá-la pode invalidar toda uma proposição de melhoria.

No momento de realizar o projeto do novo processo com a infraestrutura de TI, deve-se verificar o fluxo dos dados e as aplicações com bastante cuidado. Dessa maneira, teremos condições de descobrir quais sistemas melhor atendem ao processo como um todo e como podemos reutilizá-los.

É a definição de qual informação será usada, por qual sistema e em que momento do processo.

Dependendo das tecnologias utilizadas, o momento de projetar o processo e o uso da TI pode definir a velocidade de implantação do novo processo. Esse é o momento de pensar e desenhar as possíveis "interfaces" entre os sistemas e dados.

5. Simulação do Modelo, Testes e Aceite

Ao chegar nessa atividade, o projeto de melhoria e desenho do novo processo já estará em um estágio avançado e, nesse ponto, a realização de simulações pode evidenciar sucessos ou falhas que ainda precisam de nova análise e redesenho para serem eliminadas.

É muito importante o profissional de processos saber:

Simulação

- Pode ser mais eficaz e ágil com uso de ferramentas e tecnologias modernas (BPMS com capacidade de simulação).
- É o momento de verificação final dos fluxos do processo.
- Não gera risco algum ao negócio, pois ainda estamos em ambiente de "ensaio".

Testes

- Com o modelo simulado, é o momento de realizar testes em ambiente mais próximo ao real (chamado de "emular o processo").
- Deve ter o seu risco controlado.

Aceite
- É um passo determinante para o projeto.
- Deve sempre envolver o dono do processo.
- É o limite entre a concepção e a execução.
- Deve ser formal e dado pelo dono do processo.

6. Criação do plano de implantação

Como todo projeto, uma iniciativa de melhoria de processos deve levar a configuração de um plano de implantação, pois nesse ponto do ciclo de vida, estamos na fronteira prática e conceitual entre o ambiente de testes e avaliação, e o ambiente real onde o novo processo será realizado.

Esse é o ponto onde o planejamento do projeto e sua nova fase por iniciar precisa ser muito bem detalhado, contendo ao menos:

- Gerência de Mudança
- Os sistemas afetados e a forma de tratamento
- Detalhamento das próximas atividades do projeto e equipes envolvidas
- Declaração de escopo formal

Devido a sua característica de trabalho para gestão de projetos, é aconselhável que esse trabalho seja realizado diretamente por um gerente de projetos, que contará com a equipe da iniciativa de gerenciamento de processos de negócio para orientá-lo e guiá-lo na composição do escopo.

Portanto, envolva sempre o gerente de projeto na evolução de fases do ciclo de vida, e nesse ponto especificamente, envolva-o o máximo possível, pois a próxima fase da iniciativa será transformar em realidade tudo o que foi trabalhado e assumido ao longo do projeto de melhoria do processo.

Princípios do Desenho de Processo

Veremos a seguir alguns dos principais pontos de observação durante a fase de desenho de processos. Alguns desses princípios poderão ser utilizados em quase todos os tipos de processos, outros, devido a sua restrição de natureza, somente são aplicados em determinados tipos de processos.

O objetivo em entender esses princípios é fazer com que, ao projetar a nova realidade do processo, essas considerações sejam respeitadas e ajudem a eliminar as anomalias detectadas na fase de análise de processos.

Em seguida, entenderemos alguns dos mais importantes princípios sobre desenho de processos que já foram reconhecidos e aceitos internacionalmente em diversas literaturas. Além disso, esses princípios estão compilados e são tratados com bastante propriedade no BPM CBOK v3.0 da ABPMP International.

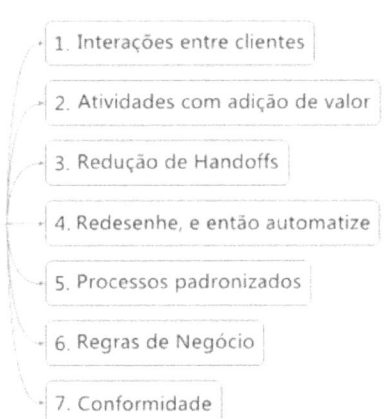

1. Interações entre clientes

O princípio das interações entre clientes trata principalmente da análise necessária em torno das interações entre clientes e entre os clientes e a organização.

Considere que cada contato que um cliente estabelece com uma organização, em qualquer canal ou ponto de contato que esteja disponível, ali se estabelece um ponto de grande sensibilidade para o negócio, pois, naquele momento, o cliente poderá experimentar um ótimo serviço/produto ou, igualmente, ter uma péssima experiência.

Podemos entender essa interação como um momento da verdade (*Moments of truth*) e a percepção de qualidade e satisfação dos clientes se dá pelo resultado da soma desses momentos da verdade. Portanto, é essencial que os processos da organização permitam a melhor interação entre cliente e organização. Não basta a organização melhorar seus processos internos se essa melhoria não for percebida e experimentada pelos seus clientes.

Existem diversos autores que pregam inclusive que, sem a criação da melhor experiência no relacionamento com o cliente, nenhum outro processo realmente importa.

Por hora, consideraremos a busca pelo equilíbrio na produção de valor no relacionamento e nos processos internos, buscando também a eficiência dos processos de suporte. Ou seja:

> **Processo Eficiente**
> *(Ex.: Entrada de Pedidos)*
> +
> **Processo Deficiente**
> *(Ex.: Devolução de Produto Defeituoso)*
> =
> **Cliente Frustrado** *(Interação com impacto negativo)*

2. Atividades com adição de valor

Quais são as atividades que colaboram para o alcance do objetivo do processo? Essas são atividades com alguma adição de valor.

Quais são as atividades que só adicionam tempo, trabalho e controle ao processo? Essas são atividades que não adicionam valor.

O princípio de estudar as atividades dos processos para descobrir qual realmente transforma positivamente seus insumos em direção ao objetivo dos processos é um dos princípios mais interessantes e importantes para a melhoria de processos. Considere o princípio anterior, onde tratamos de promover as melhores interações entre o cliente e a organização. Para promover esse momento da verdade que deixa o cliente satisfeito, precisamos melhorar os processos que suportam esses relacionamentos. Para melhorar os processos que suportam e realizam esses relacionamentos, precisamos descobrir quais são as verdadeiras atividades de valor, e para isso, estudamos o processo como ele é (*As Is*), para tentar determinar onde as atividades com adição de valor estão.

As atividades que não agregam valor precisam ser eliminadas do novo processo. O processo melhorado deve ser composto por atividades com maior poder de realização do trabalho e que trabalhem em direção ao objetivo do processo.

É importante reforçar que, nessa etapa da fase de melhoria de processos, é interessante não discutir sobre "quem" deve realizar a atividade, mas sim manter o foco "no que" a atividade deve fazer.

3. Redução de *Handoffs*

No capítulo de conceitos fundamentais, vimos que *Handoffs* são atividades que precisam ser, no mínimo, muito bem controladas, pois são atividades que sempre representam oportunidades de quebra ou falha no processo.

O princípio de redução de *Handoffs* prevê que, ao projetar o novo processo, o profissional precisa buscar ao máximo a eliminação desse tipo de atividade e sempre que possível, utilizar a tecnologia disponível para tentar simplificar e limitar as possibilidades de erro e quebra.

Um exemplo clássico de *Handoff* que é eliminado com uso de tecnologias de integração e execução de processos é a necessidade de redigitação dos mesmos dados em sistemas diferentes.

Ainda é muito comum encontrar organizações trabalhando com diversos sistemas que, basicamente, cuidam de alguns pontos dos processos e de dados específicos. Esses sistemas possuem uma visão funcional e setorial, mimetizando partes de outros para suplantar suas incapacidades. Dessa maneira, exigem dos atores dos processos que se tornem as próprias "interfaces de integração" entre sistemas, dados e processos.

Ao eliminar esses tipos de trabalho no novo processo, você esta eliminando *Handoffs* clássicos e grandes responsáveis pela falha na entrega de melhores serviços e produtos.

4.   Redesenhe, e então automatize

Esse princípio do desenho de processos é essencial, se não quisermos incorrer em erros tão conhecidos ao longo das últimas décadas. Atualmente já é bastante aceito esse princípio, mas durante muitos anos, principalmente os vendedores de solução de software pregaram os ganhos rápidos em se automatizar atividades humanas, implantar sistemas empacotados e vendidos como soluções genéricas.

Felizmente, a evolução na maturidade organizacional comprovou que uma das piores coisas que pode ser feita é atualizar o processo como ele é (*As Is*), sem realizar uma análise e um desenho considerando os princípios vistos até agora.

Esse tipo de ação tinha como prováveis consequências uma entrega com grande agilidade da PIOR realização das atividades dos processos, e assim, alcançava rapidamente os objetivos NÃO desejados. Portanto, e para ratificar: primeiro analise o processo, e depois, ao fazer o projeto do novo processo, veja as condições para uma possível automatização.

O objetivo de melhorar processos não é criar novos sistemas, automatizar tarefas humanas e tampouco gerar diagramas complexos e imponentes. O objetivo de melhorar processos é fazer com que estes contribuam de forma significativa e positiva na entrega do melhor serviço ou produto para a sociedade. Mais ainda, o objetivo de melhoria de qualquer processo deve ser a busca pela satisfação do cliente por meio da criação das melhores experiências de relacionamento.

No caso de serviços públicos, entenda que o objetivo de qualquer esforço de melhoria de processos deve ser a melhor prestação de serviços para o cidadão. Todos os processos internos precisam apoiar as organizações nessa realização.

5. Processos padronizados

Uma das grandes evoluções que o gerenciamento de processos de negócio promove nas organizações é a componentização ou padronização de processos.

Normalmente, os processos vão sendo desenvolvidos/definidos conforme as necessidades setoriais e funcionais, e com isso, muitos sistemas são criados para suprir a constante demanda por informação e integração entre os dados que permeiam as organizações.

Nas últimas décadas as tecnologias caminharam para o desenvolvimento de uma capacidade de integração sistêmica, permitindo assim a criação de uma arquitetura orientada a serviços e, finalmente, o estabelecimento de uma biblioteca de serviços organizacionais. O mesmo fenômeno evolutivo pode acontecer com processos de negócio.

Hoje em dia já é possível criar e manter uma biblioteca de processos padronizados e reutilizáveis pela organização, e para isso acontecer, é preciso que no momento de projetar os novos processos, o profissional de processos faça a sua avaliação buscando por sua padronização e, se possível, componentização de processos, tentando cada vez mais tornar os processos mais abrangentes, maleáveis e mais "reutilizáveis".

Uma organização que padroniza e cria processos componentizados e reutilizáveis caminha para um gerenciamento de processos de forma ágil e moderno. As tecnologias atuais para modelagem, execução e gerenciamento de processos permitem essa abordagem com relativa facilidade.

Lembre-se, a organização é formada por uma coleção significativa de processos que precisam ser mantidos e constantemente avaliados e melhorados, sendo assim, a criação de padrões e componentização é um dos primeiros passos para o estabelecimento de uma biblioteca corporativa de processos.

É a definição inteligente de melhores processos para permitir e estimular sua reutilização em nível organizacional, evitando assim a proliferação indesejada de processos, tecnologias e soluções pontuais e isoladas organizacionalmente.

6. Regras de Negócio

Considerando os princípios de desenho de processos apresentados até agora, podemos perceber que, evolutivamente, os processos devem ser projetados para contemplar a agilidade necessária para a mudança. Essa agilidade que os processos precisam permitir ao negócio das organizações é conseguida com o desenho de melhorias após a realização de análises estruturadas e como consequência, uma possível oportunidade de eliminação de trabalhos menos importantes, problemáticos e repetitivos.

As regras de negócio podem ser estabelecidas de diversas formas, desde o emprego de procedimentos textuais para consulta dos colaboradores, até o uso das mais modernas tecnologias disponíveis, como os *Business Rules Engines* BRE – ou Motores de Regra de Negócio. Basicamente, o uso de BRE permite que as regras do negócio sejam retratadas em uma camada de definição e gestão, onde determinadas atividades do fluxo do processo (com notação BPMN) fazem consultas ao repositório de regras e desviam o fluxo do processo conforme definido.

É importante que o profissional evite complicar a definição das regras de negócio, pois isso se traduzirá, no mínimo, em um processo mais confuso para manutenção e mudança. Ou seja, regra de negócio somada a processos mais simples é igual a maior chance de sucesso.

Declarações devem buscar ser simples como: se valor do pedido é inferior a R$ 1.000,00, então crédito pré-aprovado. Deve-se buscar tratar as variações mais comuns às regras, tais como: incompletas (onde a regra precisa de mais informações para decisão), rejeições (a regra encerra o fluxo) e aceitas (onde a validação completa o processo conforme retratado no seu caminho de sucesso).

Modelo e Notação de Decisões
(Decision Model and Notation – DMN)

Um dos mais recentes avanços no universo de notações para modelagem de processos e decisões, é a aceitação de DMN (*Decision Model and Notation* – www.omg.org) como novo padrão de fato para gerenciamento de decisões. Um ponto bastante interessante sobre o uso de DMN com BPMN é que, ao combinar essas duas notações, o analista é capaz de produzir modelos contendo a representação clara de atividades de processamento (que executam ações) e as atividades que chegam a conclusões (com uso da lógica da regra de negócio).

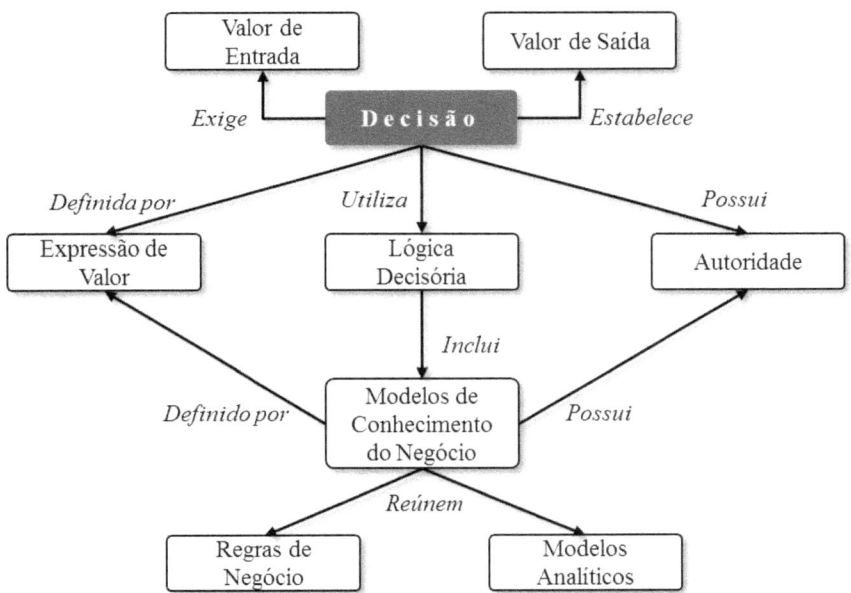

Figura 27 - DMN - Semântica simplificada

Com DMN, podemos modelar decisões e integrá-las aos modelos de processos representados com BPMN e ampliar ainda mais o poder dessas notações.

Vamos ver alguns dos motivos mais significativos para que o analista de processos aprenda e use DMN. São eles:

- Simplificação dos modelos de processos
- Facilitação e maior agilidade da automatização de processos
- Eliminação de decisões humanas de maneira manual e falha
- As regras se tornam "ativos de conhecimento" para a organização
- Aplicação prática do conceito de customização em massa
- Divulgação e compartilhamento de informação organizacional
- Consolidação de práticas e regras
- Estabelecimento de um vocabulário comum para regras e decisões

Fazendo uma análise simplificada da semântica de um modelo de decisão, podemos entender que uma decisão demanda a existência de um valor de entrada, e assim é capaz de estabelecer um valor de saída.

Uma decisão é definida por uma expressão de valor que utiliza uma lógica decisória com autoridade suficiente. Essa lógica decisória inclui modelos de conhecimento do negócio, que são definidos por expressões de valor e também possuem autoridade. Os modelos de conhecimento de negócio reúnem regras de negócio e modelos analíticos.

No momento em que escrevo a segunda edição deste livro, ainda não temos muitas ferramentas disponíveis no mercado. Porém, como aconteceu com BPMN, é bastante provável que, no máximo, dentro de um ou dois anos já tenhamos muitos produtos disponíveis para uso.
Portanto, fica a recomendação de estudo dessa nova forma de representar decisões de maneira simples, objetiva, visual e totalmente integrada aos processos organizacionais.

7. Conformidade

Um dos princípios mais adotados por organizações que gerenciam os seus processos é o princípio da conformidade. Nele, o profissional responsável pelo projeto do novo processo procura aplicar padrões de mercado que a organização precisa para alcançar um nível de aderência/conformidade. Sendo assim, sempre que a organização estiver buscando a sua conformidade segundo normas nacionais e internacionais, é necessário que se aplique padrões no novo processo.

É comum encontrar o princípio da conformidade no projeto de novos processos atendendo a normas, práticas e padrões como:

- ANSI (Padrões)
- ISO (Normas)
- TISS (Padrões)
- SOX (Lei – Normas)
- CMMI (Práticas)
- ITIL (Práticas)

Portanto, cabe ao profissional de processos buscar adesão e respeito às conformidades necessárias aos processos da organização e tornar a sua realização uma prática diária real no processo. Vale lembrar que, talvez, o maior ganho do uso de padrões de conformidade em processo somente se dá quando da gestão informatizada dos processos, ou seja, com a execução e o gerenciamento de processos com BPMS. Com o processo sendo executado pelo BPMS, o elemento "vontade de seguir o padrão" é eliminado, pois todos os colaboradores serão direcionados e obrigados a seguir as normas – não mais dependendo de rotinas, capacidade de lembrança dos seus atores, vontade de fazer e consulta aos procedimentos.

Outros princípios

Apenas para ilustrar a existência de outros princípios retratados no BPM CBOK® e em diversos livros pelo mundo, a seguir vamos ver mais alguns desses elementos da fase de desenho de processos.

Equipes unidas para questões complexas

Prevê que o processo distribua e aloque as atividades mais complexas para os grupos mais especializados, criando uma distribuição de trabalho baseada na capacidade humana e na união de esforços.

Terceirização

Propõe que os processos que não produzem valor diretamente para o negócio e/ou fogem das habilidades centrais do negócio sejam entregues para a realização em outras organizações especializadas no tema.

É prudente considerar a terceirização de processos de negócio que não sejam primários para o negócio. Nem tudo em uma organização pode ou deve ser terceirizado. Devido a grande relevância desse tema, fica evidente que a tomada de decisão sobre a terceirização de processos se dá na camada mais estratégica das organizações.

Qualidade no início

O princípio da qualidade no início é de grande importância e simplicidade e diz que sempre devemos criar, no início dos processos, os meios necessários para garantir a qualidade da informação ao longo do processo.

Ao respeitarmos esse princípio evitamos uma anomalia bastante comum: encontrar problemas em etapas mais avançadas, sendo que os problemas foram criados devido a pouco ou nenhuma qualidade nos trabalhos iniciais do processo.

Quando encontramos atividades que ficam verificando se algo não foi feito ao longo do processo, estamos diante de atividades que existem por não estar sendo respeitado esse princípio.

Um processo que garante a qualidade desde o início não contém atividades de verificação de falhas, mas, sim, possui formas de tratamento de exceções previstas (de maior ou menor ocorrência). Projetar dessa maneira é muito diferente de projetar processos inchados por atividades de verificação de problema e, consequentemente, criando retrabalho infinitamente.

Considerações

Não vamos desenvolver ótimas soluções para controle de reclamações de clientes. Devemos analisar e entender o processo como é (*As Is*), para depois eliminar os verdadeiros problemas no novo processo (*To Be*).

Um dos objetivos mais importantes da realização da análise e do desenho de processos (*As Is* e *To Be*) é permitir a coordenação efetiva (orquestração) do seu funcionamento e não ficar apenas trocando trabalhos ou adicionando tecnologias.

Valorize o investimento que está sendo feito pelo projeto/iniciativa e, obviamente, promova a valorização do investimento que um dia já foi realizado no passado. O sentimento de descontinuidade de trabalho e de que tudo é sempre "substitutivo" pode complicar e desmotivar as iniciativas organizacionais.

Lembre-se, se o negócio da organização NÃO é receber ligações que seus clientes fazem para sua central, muito provavelmente a central de atendimento é a maior evidência dos problemas internos da companhia.

Nesse caso, quanto maior a central de atendimento, quanto maior o número de atendentes e o horário de atendimento, maior a possibilidade de se tratar de uma organização que está entregando produtos e serviços "defeituosos" para seus clientes.

O cliente não paga para ser atendido por uma central de atendimento.

O cliente compra produtos e serviços e é neles que deve perceber o valor.

O cliente vive a experiência de relacionamento, que extrapola os controles das organizações e seus produtos e serviços.

Sendo assim, é fundamental que o analista de processos saiba que o projeto do novo processo é, simplesmente, o desenho da vida futura de uma organização e seus clientes, que, em última análise, é toda a sociedade.

Os donos de processos precisam ser definidos e envolvidos – sempre.

Os processos mais importantes são os que entregam a melhor experiência para os clientes/cidadãos.

Todos os outros processos precisam ajudar a viabilizar essa entrega. Simples assim.

Capítulo 6

Tecnologia de Apoio

"A primeira regra de qualquer tecnologia utilizada em negócio é que a automação aplicada a uma operação eficiente irá ampliar a eficiência. A segunda é que a automação aplicada a uma operação ineficiente irá ampliar a ineficiência."

Bill Gates

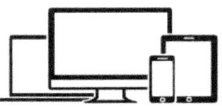

w w w . G a r t C a p o t e . com

Este capítulo, dedicado ao tema tecnologia de apoio ao gerenciamento de processos de negócio, pretende apoiar o leitor na obtenção de um melhor entendimento sobre as capacidades das ferramentas de execução de processos, conhecidas como BPMS (*Business Process Management Systems/Suites*), ou Sistemas de Gerenciamento de Processos de Negócio.

Considero a disciplina de gerenciamento de processos de negócios das organizações, incluindo seu parque tecnológico, como um dos mais importantes insumos para a avaliação e a proposição de componentes arquiteturais mais aderentes à realidade corporativa atual, e claro, sua possível evolução em relação à gestão de seus processos.

Nas próximas páginas, detalharei os principais elementos que devem ser buscados em qualquer produto de TI que venha a ser avaliado pela organização, quando na iniciativa de aquisição de ferramental de modelagem, simulação, execução e monitoria de processos (BPMS).

É importante ressaltar que este capítulo não pretende descrever em detalhes técnicos as camadas e capacidades das ferramentas de BPMS, mas pretende apresentar em alto nível de abstração técnica as suas principais características.

Com as informações aqui apresentadas o leitor terá condições de realizar uma análise inicial sobre as ferramentas de software existentes no mercado e com isso começar a desenvolver sua capacidade de avaliação de qual ferramenta melhor atenderá a necessidade organizacional na qual está inserida.

A melhor forma de avaliar se uma ferramenta de software é ou não a mais indicada para uma organização é com a realização de provas de conceito que consigam comprovar a real capacidade de realização das promessas tecnológicas.

O que é BPMS

Um BPMS (*Business Process Management System*) é um ambiente integrado de componentes de software que automatizam o ciclo de vida de processos de negócios, desde a sua concepção e modelagem inicial, passando pela execução e pelo monitoramento, até a incorporação de melhorias, inclusive com a possibilidade de simulação.

A definição de melhorias nos processos pode considerar a automatização de atividades com a aplicação da tecnologia da informação. Para a automação das atividades dos processos de negócio, podemos adotar basicamente três estratégias:

• Desenvolvimento, aquisição ou implantação de novos sistemas de software.

• Adoção de um BPMS para a implantação dos processos automatizados e o acompanhamento e gerenciamento da sua execução.

• A combinação das duas estratégias anteriores.

A automação através de um BPMS permite a integração entre todas as atividades que compõem um processo, facilitando e controlando o fluxo de informações entre elas e contribuindo para um aprimoramento global de todo o processo.

A arquitetura interna de um BPMS permite que uma organização automatize seus processos de negócio para melhor geri-los e assim melhor administrar seus resultados, sejam eles produtos ou serviços, além de manter um alto nível de customização do sistema em relação ao negócio da organização.

A utilização de BPMS deve prover às organizações:

Independência de aplicação
O fluxo de trabalho em um processo deve ser independente de serviços específicos (ou aplicações) para permitir flexibilidade na implantação e manutenção. Regras de negócio organizacionais devem ser extraídas das aplicações existentes e devem ser administradas de forma centralizada. O fluxo de trabalho do processo deve apoiar serviços corporativos.

Acessibilidade de aplicação
Um software de BPMS precisa ter facilidade de se integrar com outros sistemas e aplicações existentes, e para tal, precisa ter em sua arquitetura uma camada responsável por tal capacidade, conhecida com *Enterprise Service Bus*, ou barramento corporativo de serviços (ESB). Além disso, um BPMS moderno precisa ter total suporte a integração de aplicações e sistemas por meio de webservices (SOA). Um software de BPMS deve ser capaz de se expandir e apoiar os processos corporativamente.

Rastreamento / Rastreabilidade
Uma solução de BPMS precisa prover uma capacidade apropriada para rastreamento de atividades em andamento e a medição de sua evolução ao longo do fluxo do processo. Tal capacidade é provida pela monitoria dos processos.

Business Intelligence

Uma solução de BPMS deve facilitar rastreamento e apuração de métricas existentes em BI. Uma ferramenta de Business Intelligence viabiliza a análise de dados organizacionais para a composição de informações relevantes e compostas. As ferramentas de BI são muito utilizadas por organizações que buscam melhorar sua capacidade e qualidade na tomada de decisão sobre os mais variados temas de interesse.

Integração com modelagem Corporativa

Uma solução de BPMS precisa prover um motor de regras de negócio (BRE) centralizado (para armazenamento de modelos fundamentais e critérios do modelo de tomada de decisão). Uma solução de BPMS deve facilitar a modelagem corporativa viabilizando descoberta, manutenção e execução de regras de negócio conforme a arquitetura de processos.

Ferramentas visuais

Uma solução de BPMS deve prover ferramentas visuais para a criação, modificação e modelagem de processos com fluxo de trabalho (BPMN) e regras de negócio (BRE e DMN). O uso de DMN, por ainda estar no início, deve ser incorporado gradativamente pelos produtos de BPMS.

Administração corporativa do fluxo de trabalho

Uma solução de BPMS deve prover a visão dos processos de forma corporativa (global) permitindo seu refinamento com base nos resultados evidenciados em tempo real de execução/realização.

Roteamento de atividades corporativas

Uma solução de BPMS deve prover a organização com capacidades de roteamento das atividades do processo em caso de exceção e direcionando seu fluxo para diferentes atividades e processos pré-definidos.

Monitoramento

Uma solução de BPMS deve permitir a monitoria dos trabalhos realizados durante sua execução, bem como facilitar a definição de alertas e a geração de painéis de controle e visualização dos resultados em tempo real.

Flexibilidade de alocação de recursos

Uma solução de BPMS deve permitir que seu administrador seja capaz de redistribuir a carga de trabalho dos processos e redefinir a responsabilidade por suas tarefas durante sua execução.

A seguir veremos um das quatro principais funcionalidades de uma ferramenta de BPMS:

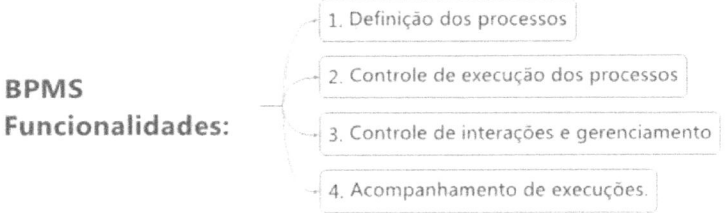

Definição de processo

A definição de um processo é a etapa de implantação na ferramenta de BPMS. O modelo de processos deve apresentar todas as informações necessárias para que o sistema possa executar o processo, dentre elas, podemos destacar: dados sobre as atividades que compõem o processo, suas condições de início e finalização, regras para sua execução, usuários encarregados, documentos manipulados em cada atividade e aplicações/sistemas a serem utilizados/integrados.

Controle de execução de processo

Depois de implantado, um processo pode ser executado através da sua interpretação pelo BPMS, que acompanha e coordena a execução do processo.

A execução de um processo corresponde à ativação/criação de instâncias desse processo. Várias instâncias de um mesmo processo, ou de processos distintos, podem estar em execução simultaneamente em um BPMS. O BPMS se encarrega de roteamento e distribuição das atividades para seus executores no momento apropriado, convocando os recursos computacionais para a sua realização.

Controle de interações

Ao encaminhar as atividades para os atores responsáveis, o BPMS adiciona itens às listas de trabalho desses atores, tais listas contêm atividades de diversas instâncias dos diversos processos em execução. Os atores acessam as suas listas de trabalho e selecionam a tarefa que desejam executar. A execução da tarefa pode envolver a manipulação de documentos, tomadas de decisão ou preenchimento de dados. As atividades são realizadas nos ambientes de trabalho dos executores através de aplicações ou ferramentas específicas. A finalização da atividade recoloca o processo no fluxo e, de acordo com os resultados gerados, pode disparar novas atividades ou encerrar o processo.

Acompanhamento de execuções

Um BPMS possui ferramentas de gerenciamento e acompanhamento de execução dos processos. O próprio modelo do processo apresenta o status das atividades realizadas, em execução ou a serem executadas. Alguns BPMS ainda apresentam recursos de medida de desempenho e estatística que auxiliam na projeção de melhorias.

Geralmente existe distinção entre os usuários comuns e os com direito de administração, de maneira que a definição e a instanciação de processos devem ser feitas pelos usuários com tais responsabilidades/autoridades. Do mesmo modo, funções de suspensão e cancelamento de instâncias podem ser restritas a usuários com privilégio de administração.

Arquitetura Básica de um BPMS

O gerenciamento de processos de negócio mais contemporâneo requer ferramentas que os gerentes usem para controlar e modificar processos. Isso requer o uso de tecnologias que representam claramente os processos e permitem prontamente a sua mudança. Essas tecnologias também são conhecidas como tecnologias "habilitadoras do gerenciamento de processos".

Seguindo a disciplina de BPM, uma solução de BPMS deve apoiar a realização de todas as fases de um ciclo de vida de gestão de processos de negócio. A seguir, apresentamos uma representação dos momentos e fases realizados com o apoio da tecnologia de BPMS. É importante salientar que, a despeito de diversas tentativas, surgidas muito mais com propósitos comerciais, ainda não há um modelo único como referência para a arquitetura obrigatória de um BPMS. Cada fabricante possui seu próprio modelo conceitual de BPMS, o que torna o trabalho de comparação bastante delicado.

Antes de partir para a visão da arquitetura genérica de BPMS, é importante deixar claro que o analista de processos precisa procurar se especializar em arquitetura e características de cada produto que pretende utilizar. Ainda não existe um padrão universal de desenvolvimento desses produtos.
Se o analista buscar o trabalho como consultor, provavelmente, aprenderá sobre diversos produtos de BPMS e verá a diversidade arquitetural existente. Sendo assim, atuando com consultoria, ou não, a orientação inicial prevalece.
Busque o site do fabricante do produto e faça os treinamentos específicos para cada produto, pois, diferentemente da notação de modelagem de processos de negócio (BPMN), no mundo dos BPMS ainda temos muita diferença de entendimento, interpretações e implementações. O propósito deste capítulo é lançar uma luz nesse ainda nebuloso universo de soluções tecnológicas, e assim, ajudar o analista de processos com uma base conceitual mínima sobre o tema.

Veja a seguir um diagrama contendo uma arquitetura "genérica" de um BPMS conceitual.

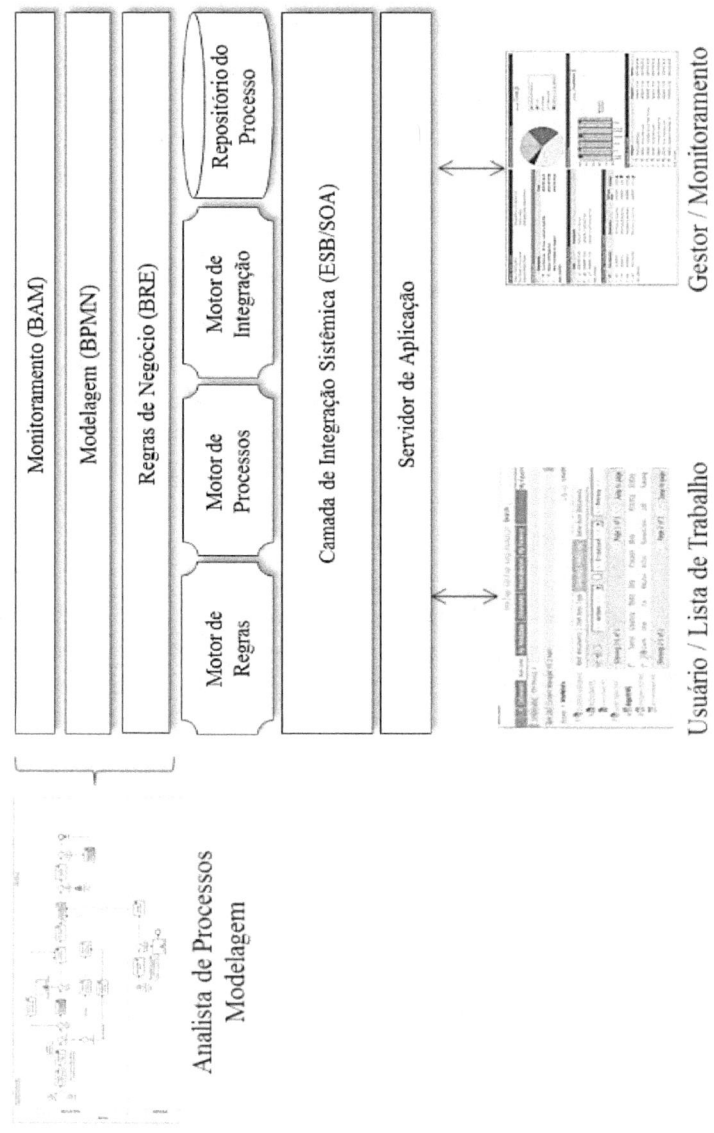

Figura 28 - Arquitetura Básica para BPMS

Classificação de um BPMS

A *Forrester Research* mantém uma linha de artigos denominada *The Forrester Wave*™ que classifica as soluções de BPMS disponíveis no mercado segundo a natureza dos processos que esses pacotes melhor atendem: *human-centric*, *integration-centric* e *document-centric*. A seguir veremos cada uma dessas classificações.

Human-centric

Esses processos requerem pessoas para a realização do trabalho, dependendo e interagindo fortemente com aplicações, bancos de dados, documentos e outras pessoas (através de ferramentas colaborativas). É necessária a intuição e o julgamento humano para tomadas de decisão no decorrer do processo. Esse tipo de processo pode ainda ser subdividido em duas subcategorias:

- *People-intensive*: envolve alto nível de interação entre indivíduos, tomada de decisão e tratamento de exceções. Um exemplo deste tipo de processo seria a admissão de novos colaboradores ou o processamento de pedidos.

- *Decision-intensive*: envolve a coleta de informações, avaliações (de clientes, crédito etc) e tomadas de decisão críticas. Análise de pedidos de empréstimo e gerenciamento de inventário são exemplos de processos *decision-intensive*.

Integration-centric

Esses processos geralmente envolvem milhões de transações diárias que são manipuladas basicamente em um fluxo retilíneo, com pouco ou nenhum contato humano e poucas exceções. Um BPMS deve ser capaz de integrar aplicações padrões, aplicações customizadas, aplicações externas e, por vezes, as pessoas que as utilizam. O gerenciamento de cadeia de fornecimento é um exemplo de processo *integration-centric*.

Document-centric

Processos onde os participantes devem revisar documentos, transferir dados de documentos para sistemas e tomar decisões a partir desses dados. As ações do processo são realizadas de acordo com as informações contidas em imagens digitalizadas, formulários eletrônicos ou documentos eletrônicos. Um exemplo de processo *document-centric* é o gerenciamento de contratos.

A seguir um exemplo de esquema representando a capacidade de integração e conectividade inerente a um ferramental de BPMS robusto e completo.

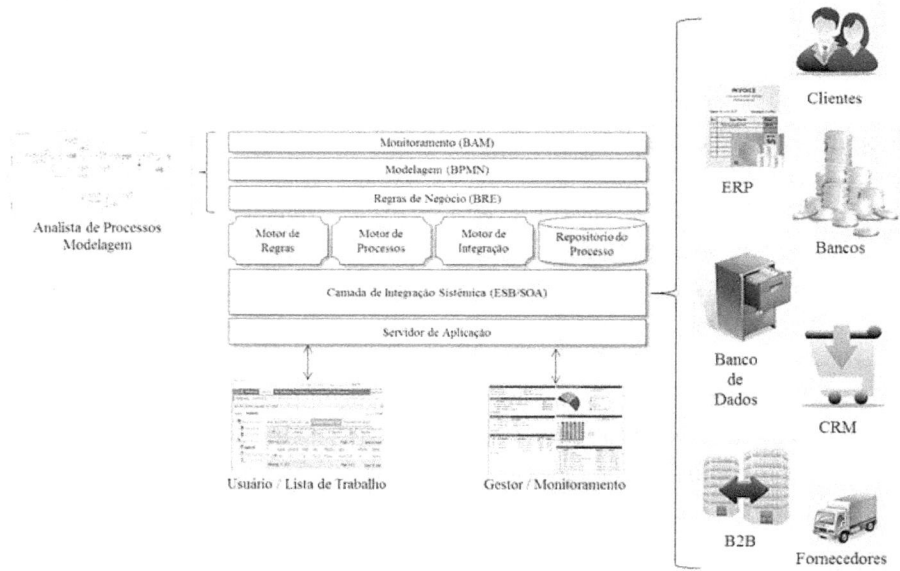

Figura 29 - Capacidade de Integração de Tecnologias com BPMS

Considerando o que foi apresentado até agora, devemos entender que a ferramenta de BPMS deve suportar um ciclo de vida para gerenciamento de processos de negócio de forma mais abrangente possível, cuidando desde a modelagem dos processos até a sua execução e monitoria em tempo de realização.

A seguir uma representação do uso de BPMS para a realização completa do ciclo de gerenciamento de processos.

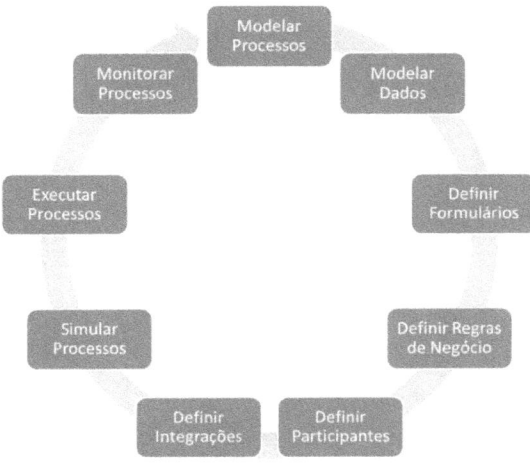

Figura 30 - Ciclo BPMS

Considerações finais:
Uma organização precisa desenvolver habilidades específicas para passar a utilizar uma solução de BPMS como ferramenta facilitadora do gerenciamento de processos de negócio. Os conhecimentos tradicionais em análise de negócio e especificação de requisitos não são suficientes.

Assim como devemos tratar e reconhecer BPM como uma forma mais moderna e eficiente de gerir os negócios, devemos tratar e reconhecer que BPMS é a mais nova e mais eficiente tecnologia de apoio à realização do negócio das organizações.

Não apenas os profissionais mais técnicos precisam entender e se preparar para essa nova realidade, mas também os seus gestores, que devem assumir esse conjunto de conhecimentos como uma nova e mais otimizada maneira de realizar, controlar e gerenciar (proativamente) os trabalhos nas organizações do século XXI.

Capítulo 7

Método GEM
"Gestão Essencial Multiplicável"

"A arte e a ciência têm o seu ponto de encontro no método"
Robert Bulwer-Lytton

O Método

No contexto desta obra, e de maneira geral para sua aplicabilidade e compreensão, podemos definir o método "GEM" como um roteiro, ou uma série de passos preestabelecidos, que compreende fases, atividades, técnicas, tecnologias, regras, artefatos, recursos e formas para desenvolvimento e aplicação prática do gerenciamento de processos de negócio em organizações. Assim como todo método, o "GEM" é um conjunto vivo de informações que precisa ser mantido em constante análise e evolução.

Qual o significado de "Gestão Essencial Multiplicável"?

Na primeira edição deste livro, não havia uma "identidade" específica para o método, que era tratado de maneira muito mais genérica e abrangente, quase que na tentativa de explicar a existência e a utilidade de seus elementos – praticamente como a definição de uma metodologia.

Nesta segunda edição, completando mais de 10 anos de aplicação prática e refinamento constante do método, é chegada a hora de criar uma identidade para a existência e para o uso desse conjunto de passos que podem e devem ser difundidos e multiplicados nas organizações. Sendo assim, e a partir desse momento, o sétimo capítulo deste livro trata do "Método GEM – Gestão Essencial Multiplicável". Explicando os elementos da sigla "GEM", temos:

Gestão

No contexto deste método, gestão se refere diretamente ao ciclo de vida necessário para a prática do gerenciamento de processos de negócio. Portanto, no método GEM, gestão é sinônimo de "prática das fases do ciclo de vida para BPM".

Essencial

O termo essencial foi adicionado ao nome do método, para traduzir a sua característica principal de ser "fundamental" em qualquer jornada de adoção ou manutenção das práticas de gerenciamento de processos de negócio.

Multiplicável

Este termo pretende traduzir a característica de ser "aplicável" em praticamente qualquer tipo de organização, e de maneira diferente, dependendo de cada caso específico conforme sua maturidade em BPM.

Composição do Método GEM

O método GEM possui os seguintes elementos em sua composição:

- Avaliação de Maturidade
- Manutenção do Conhecimento
- Estrutura Organizacional
- Notação para Modelagem de Processos
- Medição de Valor de Processos
- Definição de Indicadores
- Avaliação de Impacto
- Ciclo de Vida para BPM

Conforme dito anteriormente, o método GEM possui as características de ser essencial e multiplicável, ou seja, compreende um conjunto mínimo de orientações e passos capazes de serem aplicados em praticamente qualquer tipo de organização. Sendo assim, quando estiver utilizando o método GEM como referência, lembre-se de avaliar sua aplicabilidade em cada caso, bem como a necessidade de inclusão ou exclusão de elementos. Essa dinâmica é necessária e esperada para que o método cumpra seu papel de "estruturador essencial da prática de gerenciamento de processos de negócio".

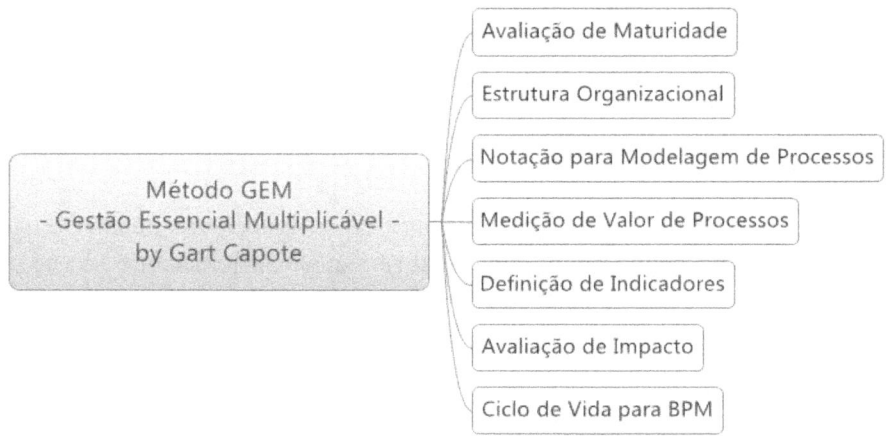

Em cada fase do ciclo de vida proposto pelo método GEM, teremos um detalhamento compreendendo:

- Descrição da fase
- Atividades
- Técnicas utilizadas
- Tecnologias de apoio
- Artefatos gerados/utilizados
- Insumos necessários
- Responsáveis
- Participantes

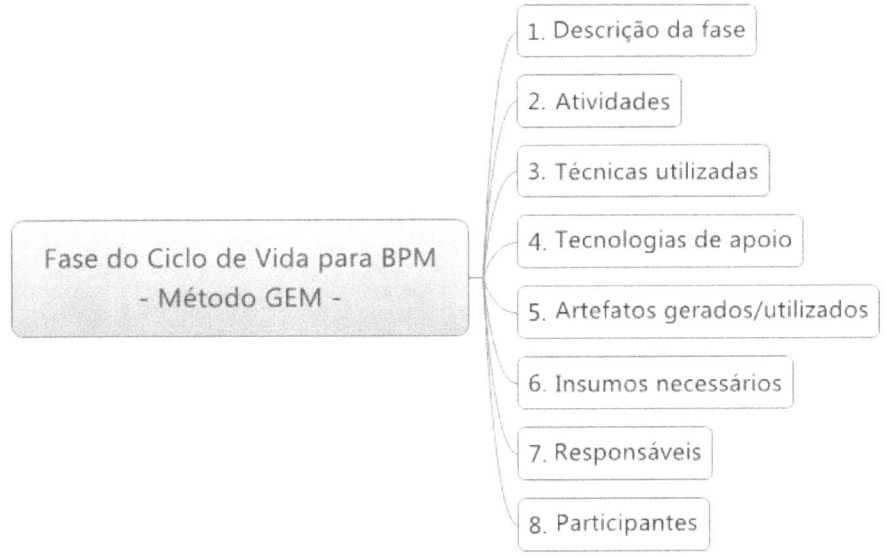

Veremos, em detalhes e adiante, todos os elementos que compõem o método GEM. O último elemento, chamado Ciclo de Vida para BPM, possui detalhamento bastante específico e objetivo para uso de suas fases de maneira interativa e complementar.

Avaliação de Maturidade

De maneira bastante abrangente, e compreendida pelo mercado atual, propomos no método GEM a realização de uma avaliação inicial da maturidade da organização em relação ao gerenciamento de processos de negócio.

Essa avaliação deve ser capaz de identificar o estágio atual de maturidade da organização, e dessa maneira, ajudar na definição de próximos passos para a evolução continuada de sua jornada.

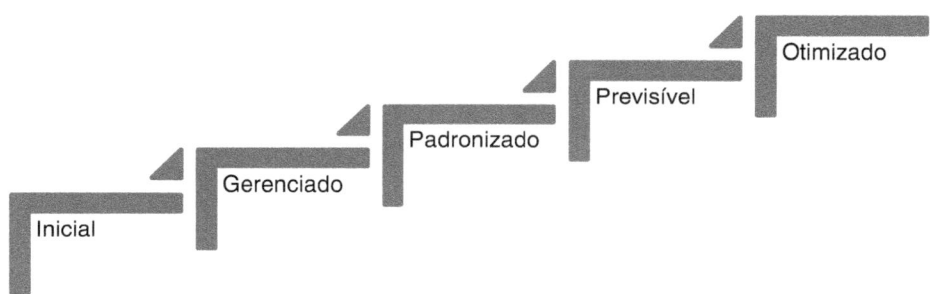

Apresentamos aqui um modelo de cinco níveis de maturidade que é bastante utilizado até o momento, sendo cada nível:

Nível 1 – Inicial

Os processos são executados de maneira desestruturada, e não há gerenciamento formal das atividades. Os resultados são de difícil previsão. Os processos raramente são definidos ou documentados. Quando são documentados, poucas vezes são seguidos. Nesse nível, as organizações podem atingir resultados, mas normalmente excedendo seus orçamentos e prazos, e frequentemente entregando menos resultados do que originalmente planejado.

Nível 2 – Gerenciado

Organizações de nível dois já possuem planejamento e processos de gestão estabelecidos. Processos de trabalho estão modelados e são seguidos, embora áreas da organização possam estar operando processos de maneira diferente e sem padronização dificultando sua eficácia.

Nível 3 – Padronizado

Organizações de nível três possuem processos padronizados e utilizados por todas as unidades. Já estão modelados os processos mais essenciais (primários), de suporte e de gerenciamento. Como resultado, a organização obtém ganhos de escala e aumento de eficácia devido à padronização e a gestão de seus processos.

Nível 4 – Previsível

Organizações nesse nível possuem métricas e medições claras para seus processos, sendo possível compreendê-los quantitativamente e qualitativamente, controlando de forma precisa sua execução. É possível ainda prever e acompanhar resultados estatisticamente, e proceder com as correções nos processos em tempo reduzido.

Nível 5 – Otimizado

Nesse nível, as ações de melhoria nos processos são proativas, proporcionando inovações que melhoram a capacidade de resposta da organização diante de oportunidades e problemas identificados em nível organizacional.

Atenção

Sem o objetivo de definir uma fórmula ou calculadora única para avaliação de maturidade de processos, apresentamos nesta edição do livro uma maneira de orientar o analista de processos na criação de um modelo organizacionalmente interessante para avaliação de maturidade. Para que esse modelo tenha aderência a outros praticados internacionalmente, a seguir veremos alguns dos principais elementos normalmente considerados pelos métodos quando na avaliação de maturidade organizacional para prática de gerenciamento de processos de negócio. Esses elementos de avaliação são comumente chamados de "fatores conhecidos de sucesso".

Fatores Conhecidos de Sucesso para Implantação e Prática de Gerenciamento de Processos de Negócio

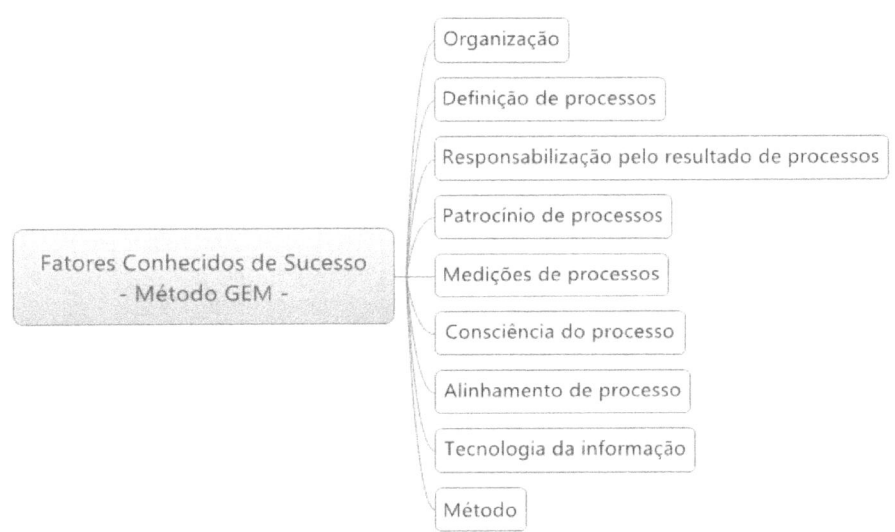

Organização
A organização tem enfoque centrado em processos?
Qual o nível de consciência e ênfase em processos na gerência executiva?
Entre as partes interessadas? Entre colaboradores?
Qual é o nível de sucesso de gerenciamento de processos?

Definição de processos (escopo organizacional)
Os processos estão definidos?
Estão documentados e atualizados?
Em que extensão?
O sucesso dos processos depende de pessoas ou de equipes?
Os processos estão definidos e padronizados ao longo da organização?

Responsabilização pelo resultado de processos (prestação de contas)
As responsabilidades pelos processos **primários** estão definidas?
As responsabilidades pelos processos de **suporte** estão definidas?
As responsabilidades pelos processos de **gestão** estão definidas?

Patrocínio de processos
Quem são os principais patrocinadores dos processos **primários**? Alta administração? Gerência intermediária? Departamentos? Tecnologia da informação?
Quem são os principais patrocinadores dos processos **suporte**? Alta administração? Gerência intermediária? Departamentos? Tecnologia da informação?
Quem são os principais patrocinadores dos processos **gestão**? Alta administração? Gerência intermediária? Departamentos? Tecnologia da informação?

Medições de processos
Medições de desempenho de processos **primários** têm sido definidas? Utilizadas? Planejadas?
Medições de desempenho de processos **suporte** têm sido definidas? Utilizadas? Planejadas?
Medições de desempenho de processos **gestão** têm sido definidas? Utilizadas? Planejadas?

Consciência do processo (envolvimento de pessoas)
Os colaboradores e a gerência pensam em processos?
Qual é o nível de envolvimento de pessoas na definição de processos? Análise? Melhoria de processo?
O treinamento contínuo tem sido alinhado com processos?

Alinhamento de processo
Metas de processos estão alinhadas com estratégias de negócio?
Descrições de pontos de contato estão alinhadas com as definições de processos?
A avaliação dos colaboradores está conectada a processos?

Tecnologia da informação
O gerenciamento de tecnologia utiliza BPMS para gestão de seus processos?
Aplicações com BPMS estão definidas e utilizadas em processos de serviços?
O gerenciamento utiliza BPMS para suportar o monitoramento de desempenho?

Método
Existe método definido (organizacional) para representação e documentação de processos?
Existe uma ferramenta padrão (organizacional) para documentação dos processos?
A notação BPMN é a notação padrão para a organização representar seus processos?
Existe um repositório central para processos e modelos?
Existe uma entidade/função organizacional responsável pela metodologia e ou arquitetura de processos organizacionais?

Manutenção do Conhecimento

Para viabilizar a realização continuada do método de gerenciamento de processos de negócio em uma organização, é essencial desenvolver/possuir uma estrutura para manutenção de documentos e conhecimentos organizacionais.

Sendo assim, é interessante a organização realizar o controle de versão dos documentos relacionados ao ciclo de vida de BPM por meio de ferramentas de software, pois é uma alternativa eficiente, escalável e de baixo custo para organizações. Para que seu uso seja bem sucedido, é essencial a adoção de regras e práticas claras e bem definidas para a organização como um todo.

Em seguida, veremos algumas das principais funcionalidades que as ferramentas devem suportar para o melhor controle de versão em repositório centralizado e compartilhado, permitindo assim um trabalho evolutivo e colaborativo.

Cabe ao analista de processos orientar a organização para que essa busque viabilizar o uso desse ferramental em nome da melhor gestão do conhecimento e processos. O método GEM apenas referencia a necessidade, ficando livre a definição caso a caso.

Ferramenta de Controle de Versão de Documentos

O que é

Uma ferramenta de controle de versão é um *software* com a finalidade específica de gerenciar diferentes versões da evolução e da manutenção de documentos organizacionais.

Algumas utilidades

- **Controle de Histórico**
  Permite analisar em detalhes cada alteração realizada nos documentos em todas as suas versões.

- **Trabalho Colaborativo**
  Diferentes grupos e indivíduos podem trabalhar em um mesmo documento mantendo a qualidade do controle de edições.

- **Definição e Recuperação de versões estáveis**
  Permite marcar o momento onde o documento possuía uma versão estável e assim permite a sua futura recuperação.

- **Distribuição do Trabalho**
  Facilidade de divisão do projeto em várias linhas de desenvolvimento, permitindo o paralelismo sem interferência

Estrutura Organizacional

Para viabilizar a realização efetiva do gerenciamento de processos, alguns papéis e responsabilidades devem ser evidenciados, apresentados e aprovados junto à alta direção da organização, sendo os principais componentes desta forma de horizontalização da gestão organizacional:

Dono de Processo

É o responsável pelo processo ponta a ponta e ao longo de departamentos funcionais, tendo a responsabilidade da prestação de contas sobre o resultado do processo de negócio.

O sucesso desse papel depende diretamente da autoridade que o indivíduo tem de controlar o orçamento e tomar decisões que afetam o desenvolvimento, a manutenção e a melhoria do processo de negócio.

O Dono de Processo é atribuído para processos de negócio primários, de gestão e de suporte. Alguns atributos comuns aos Donos de Processos:

✓ Responsabilidade sobre a melhoria do processo;
✓ Responsabilidade pela prestação de contas do desempenho do processo;
✓ Responsabilidade sobre a defesa e o suporte de seu processo junto às outras gerências.
✓ Responsabilidade final sobre a capacidade de alcance de metas do processo de negócio junto à estratégia organizacional.

Gerente de Processos

O Gerente do Processo é o responsável pela manutenção da qualidade dos projetos e das iniciativas de processo atendendo a uma solicitação, não sendo ele o responsável direto pelo desempenho final do processo de negócio.

Dono de Processo responde por resultado de processo de negócio. Gerente de processo responde pelo resultado de processo (funcional). O gerente de processo também pode atuar como um gerente de projeto, que possui conhecimentos específicos em gerenciamento de processos, e atua cuidando e controlando as atividades envolvidas nos esforços de melhoria de processos. Quando existe uma solicitação de serviços de criação ou evolução de um processo, o gestor de processos atuará, juntamente com o dono do processo, como um defensor do projeto de realização do serviço solicitado. Dessa forma, deverá gerir diversas iniciativas de processos, sendo de sua responsabilidade a garantia do planejamento, da comunicação e da união eficiente entre as áreas envolvidas para a entrega do processo em si.

Arquiteto de Processo
É o responsável pela arquitetura dos processos organizacionais, desde o refinamento da cadeia de valor até as atividades dos processos. O Arquiteto de Processo pode atuar tanto no domínio mais técnico do processo, quanto no domínio mais específico do negócio.

É o responsável por manter o vínculo entre a estratégia corporativa, seus processos realizadores e a tecnologia de apoio. Suas atribuições permeiam desde a colaboração para a melhoria do desempenho do processo até o mapeamento e o direcionamento tecnológico para as operações do negócio. O arquiteto de processo é o responsável pela criação e pela manutenção do repositório de modelos de referência e padrões, englobando e especificando os produtos e serviços corporativos, os processos de negócio, além das medições e métricas de desempenho. Pode participar desde iniciativas de análise de processo até iniciativas de transformação de processos, adotando uma perspectiva de cuidado com padrões e conformidades, bem como aconselhamento e direcionamento da equipe envolvida.

Analista de Processo
É o profissional responsável por instrumentalizar a organização em práticas, métodos e técnicas relacionadas ao gerenciamento de processos de negócio (BPM).

O analista de processos não é o responsável pelo direcionamento de melhorias, mas atua diretamente na produção de evidências de resultados dos processos e possibilidades de melhorias. O direcionamento do seu trabalho é feito pelos responsáveis dos processos (gestores, donos ou líderes de processos).

Em relação à manutenção da arquitetura de processos (cadeia de valor – mapa de processos organizacionais), o analista de processos é o responsável por garantir que as ações do ciclo de vida de BPM sejam realizadas em consonância com o método organizacional.

Seu escopo de validação se encerra em nível funcional (processos, atividades, tarefas e procedimentos). Em nível de processos organizacionais (ponta a ponta), a validação do método é intermediada, normalmente, pelo "escritório de processos" para promover isenção na exposição das justificativas para mudanças. São características esperadas do analista de processos:

- Conhecimento teórico e prática em BPM, BPMN e BPMS;
- Visão sistêmica para identificação de oportunidades de melhorias;
- Perfil crítico e analítico com habilidades criativas para a proposição de soluções;
- Conhecimento técnico em ferramentas de modelagem de processos com uso da notação BPMN;
- Habilidade na produção de evidências de resultados;
- Facilidade na condução de reuniões de trabalho e mediação de grupos;
- Compreensão da arquitetura organizacional;
- Facilidade em relacionamento interpessoal;
- Postura ética e comprometida
- Habilidade na apresentação estruturada de resultados.

Um analista de processos também pode atuar como consultor interno e ser responsável pela difusão organizacional do método de trabalho e melhor compreensão da cadeia de valor com processos ponta a ponta.

Notação para Modelagem de Processos

Seguindo as melhores práticas internacionais para gerenciamento de processos de negócio, e especificamente no que tange a sua representação esquemática, fica definida para o método GEM, como notação para representação e automatização de processos de negócio, a BPMN 2.0.

BPMN é a notação para representação e automatização de processos de negócio mais adotada e utilizada no mundo, sendo a adoção de sua especificação uma realidade para a maior parte dos grandes fabricantes de ferramentas de modelagem, simulação e execução de processos (BPMS).

As principais vantagens no uso dessa notação são a sua vasta adoção pelo mercado mundial e o estabelecimento tácito de uma linguagem única para o mercado como um todo.

Para mais detalhes sobre a modelagem de processos, retornar ao "Capítulo 3" – Levantamento e Modelagem de Processos.

O profissional que desejar se aprofundar em técnicas de modelagem com BPMN 2.0 para produção de diagnósticos estruturados sobre a situação atual (*As Is*) dos processos organizacionais, fica a referência de leitura do meu livro chamado *"Medição de Valor de Processos para BPM"* – (MVPBPM), especificamente o capítulo de "Modelagem da Verdade" (da página 153 até 243).

Além de modelagem para diagnóstico, no livro MVPBPM também apresento três níveis de modelagem de processos de acordo com objetivos e público-alvo específicos, propondo o uso de elementos de BPMN para cada tipo, sendo:

1. Paleta Fundamental (visão executiva)
2. Paleta Intermediária (visão gerencial)
3. Paleta Avançada (visão operacional)

Para conhecer mais, visite o site (www.gartcapote.com).

Medição de Valor de Processos

Assim como na modelagem de processso com BPMN 2.0, também deixo aqui a orientação e referência de leitura do livro "Medição de Valor de Processos para BPM". Nessa obra, tratamos de maneira bastante aprofundada e prática (com exercícios) de algumas formas de calcular:

1. Custo de defeitos
2. Tempo de Atividades
3. Tempo de Processos ponta a ponta
4. Capacidade Funcional Aproximada
5. Custo de Atividade
6. Custo de Instância do Processo (com ABC – Activity Based Costing)
7. Custo Orientado por Tempo (com TDABC – Time Driven ABC)
8. Custo de Inatividade
9. Custo de Retrabalho

Cobrimos todos esses cálculos e exercícios da página 125 até a página 323.

Concluindo essa etapa, é importante informar que não incluí o material sobre a modelagem da verdade e a medição de valor dos processos nesse livro, pois passaríamos de 600 páginas. Tal volume poderia tornar a obra mais abrangente do que o necessário ou até mesmo dificultar sua leitura.

Sendo assim, decidimos manter o conteúdo em dois volumes distintos, e, caso o profissional tenha interesse em se aprofundar nesses temas, basta continuar sua jornada de aperfeiçoamento e ler o livro "Medição de Valor de Processos para BPM".
Para conhecer o livro, visite o site (www.gartcapote.com).

Definição de Indicadores

É de fundamental importância a medição do desempenho dos processos. O alinhamento do desempenho do processo com os objetivos estratégicos da organização é uma das principais razões para se adotar práticas de gerenciamento de processos de negócio. Tem se dito que: "Aquilo que não se pode medir não se pode gerenciar".

As organizações não deveriam investir tempo e recursos para melhorar processos se não sabem o que medir. Processos possuem basicamente quatro dimensões de análise e avaliação, sendo:

1. **Tempo**
   Avaliação de duração do tempo de ciclo de processo, desde o início ao fim;

2. **Custo**
   Métrica de associação de valor monetário ao processo, podendo medir custo do processo, ou o custo de oportunidade – retratando as perdas pela não produção do resultado esperado;

3. **Capacidade**
   É a medição do montante ou do volume de saída do produto ou serviço associado a um processo;

4. **Qualidade**
   Geralmente é expressa na forma de percentual. Qualidade é a relação do resultado real com o que foi definido na especificação original do processo, tendo várias formas de representação como: satisfação, variação e erros.

Essencialmente, teremos duas dimensões de indicadores – organizacionais (alto nível) e operacionais (intermediários). Os indicadores organizacionais representam resultados de processos interfuncionais (ponta a ponta) refletidos na cadeia de valor e atrelados às metas organizacionais. Já os indicadores operacionais representam resultados de processos funcionais que colaboram com processos interfuncionais (resultado por composição).

O tema "Indicadores de Desempenho" está mais detalhado e deve ser consultado na fase de "Abastecer Indicadores" – pertencente ao "Método GEM" – descrito neste livro.

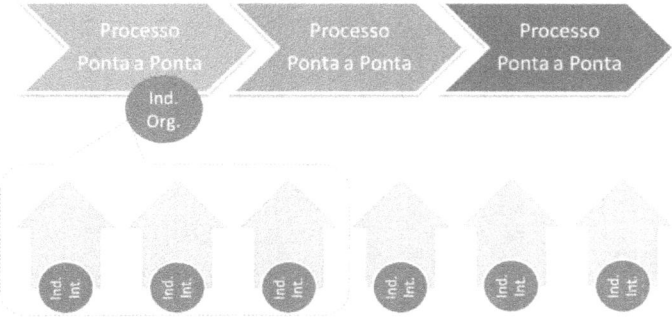

Figura 31 - Indicadores Organizacionais e Intermediários

Avaliação de Impacto

Como proposta de dinâmica para avaliação do impacto de diagnósticos ou melhoria em processos, seguindo o método GEM, o analista de processos deve buscar a aprovação de diagnósticos e mudanças junto ao gestor de processos (funcional). Caso não haja a função estabelecida formalmente, o equivalente deve ser buscado junto ao patrocínio da iniciativa e sua estrutura organizacional. No caso de iniciativas de refinamento de processos ou melhoria, uma boa prática é estabelecer um nível hierárquico entre os tipos de mudança e o tipo de ação necessária para sua validação. Dessa forma, dependendo do tipo de mudança conseguimos estabelecer o impacto organizacional e a estrutura necessária para sua aprovação ou recusa.

Veja no diagrama a seguir a dinâmica idealizada para o método, contendo seus níveis de aprovação, tipos de impacto, funções e responsabilidades envolvidas.

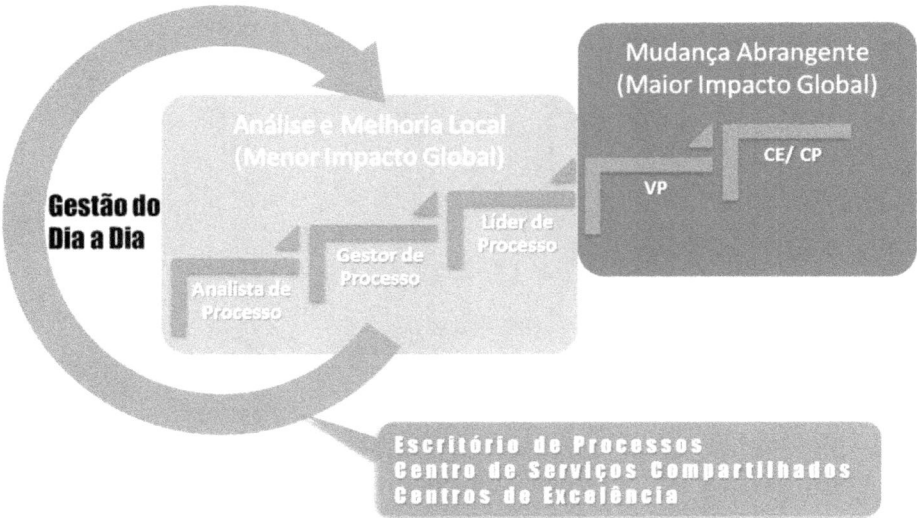

Figura 32 - Dinâmica da Prática Proposta para o Método GEM

Exemplo:

Se for proposta uma mudança em um procedimento de trabalho com baixo impacto em outros processos oganizacionais, apenas analista, gestor e líder do processo são envolvidos. Caso a mudança tenha mais impacto organizacional, ou extrapole o domínio funcional, outras funções serão envolvidas no processo de validação.

Ciclo de Vida para BPM

A partir deste ponto veremos detalhadamente as fases do ciclo de vida do método GEM para gerenciamento de processos de negócio.

Para facilitar o acompanhamento e o entendimento do uso do ciclo de vida, sugerimos uma referência numeral às suas fases, conforme diagrama abaixo:

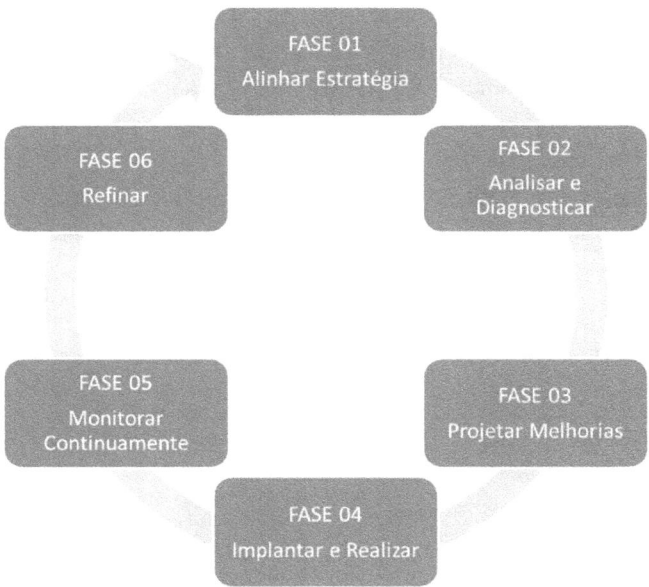

Figura 33 - Ciclo de Vida do Método GEM

Uma observação importante sobre qualquer ciclo de vida para BPM. Um ciclo de vida é uma proposta de lógica interativa entre fases de uma mesma jornada. Porém, como toda jornada, dependendo do resultado ou da necessidade de determinada fase, é possível reorientar sua realização. Ou seja, o ciclo é uma proposta de roteiro, mas suficientemente maleável a ponto de prever e permitir mudanças ao longo do caminho. Portanto, não entenda o ciclo desse ou de qualquer outro método como algo imutável, dogmático ou estático.

A prática diária da organização na gestão do dia a dia com base em BPM, e sua evolução de maturidade, naturalmente, promoverão ajustes e melhorias no método e no próprio ciclo de vida.

Um dos erros mais comuns, observados em esforços iniciais ou imaturos em BPM, é seguir sem ponderação o descrito em um ciclo de vida herdado – de consultorias ou outras fontes. As organizações precisam, antes de iniciar sua jornada prática, entender, definir e ajustar seus métodos de trabalho.

Conforme mencionado anteriormente, o método GEM é um "ponto de partida" para qualquer organização interessada em adotar o gerenciamento de processos de negócio como prática administrativa organizacional.

Uma abordagem madura e cuidadosa para implantação de BPM em qualquer organização irá, invariavelmente, ajustar seus métodos, técnicas e tecnologias em consonância com o ambiente organizacional vigente. Só assim será possível buscar o alcance de melhorias e alguma comprovação de ganhos.

FASE 1
Alinhar Estratégia

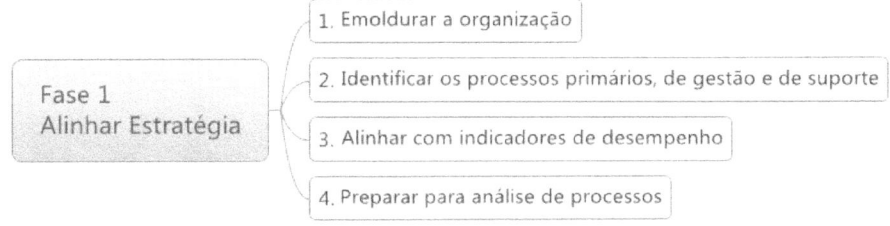

Essa fase tem como objetivo entender o contexto dos processos através da análise de documentação da organização, possibilitando uma visão geral dos seus processos em relação à cadeia de valor, aos serviços de atenção ao cliente e aos processos primários, de suporte e gestão.

São etapas definidas para a fase de Planejamento e Alinhamento Estratégico, quando da solicitação de Criação ou Evolução de um Processo:

1. **Emoldurar a organização**
2. **Identificar os processos primários, de gestão e de suporte**
3. **Alinhar com indicadores de desempenho**
4. **Preparar para análise de processos**

Em seguida, os detalhes de cada etapa da fase apresentada anteriormente.

1. Emoldurar a organização

Descrição:
O termo emoldurar a organização remete ao ato de compor um entendimento comum sobre a organização e evidenciá-lo. Ao colocar uma moldura estamos reconhecendo os limites formais, protegendo e valorizando uma obra – neste caso, a organização. Essa etapa visa identificar as questões conceituais e definições básicas da organização que podem afetar os processos diretamente, além de garantir o alinhamento com as estratégicas mais recentes.

Atividades:
Documentar, consultar ou atualizar a documentação de missão, estratégia, metas, objetivos e propósito da organização.
A decisão entre gerar uma documentação ou atualizar a documentação deve partir da análise do material existente. No caso de ausência de material, deve-se providenciar a sua criação e seu armazenamento. Se, durante a consulta do material existente, ficar evidente a sua desatualização, deve-se providenciar a sua atualização.

Técnicas utilizadas:
- Entrevistas com intervenientes diretos e responsáveis
- Reuniões de alinhamento e direcionamento
- Realização e entrega de questionários de levantamento e definição
- Modelagem da visão organizacional

Tecnologias de apoio:
- E-mail corporativo
- Agenda corporativa
- Ferramentas de planilha, editoração de texto e apresentação

Artefatos gerados:
Documentos contendo:
- Declaração de Missão, Planejamento e Direcionamento Estratégico, Metas, Objetivos Executivos e Fatores-Chave de Sucesso (FCS)
- Cadeia de Valor

Insumos necessários:
- Dados coletados durante entrevistas
- Agenda de reuniões e questionários

Responsáveis:
- Gestor de Processos
- Analistas de Processos

Participantes:
- Interveniência Executiva (responsável pela visão da organização) ou equivalente.

2. Identificar os processos primários, de gestão, de suporte

Descrição:
Etapa que visa identificar os processos primários que interagem diretamente com os clientes e também identificar os processos de gestão e de suporte.

Atividades:
Documentar, consultar ou atualizar o mapa de processos da organização em relação a cadeia de valor.
A decisão entre gerar uma documentação ou atualizar a documentação deve partir da análise do material existente, sendo que no caso de ausência de material, deve-se providenciar a sua criação e seu armazenamento.
Se, durante a consulta do material existente, ficar evidente a sua desatualização, deve-se providenciar a sua atualização.

Técnicas utilizadas:
* Análise da Cadeia de Valor
* Análise do Mapa de Macroprocessos Corporativos

Tecnologias de apoio:
* Ferramentas de editoração de texto, planilhas eletrônicas e de apresentação.
* Diagramas em outros formatos

Artefatos gerados:
* Diagrama de Cadeia de Valor - Atualizado
* Mapa de Processos Corporativos – Visão Macro

Insumos necessários:
* Diagrama de Cadeia de valor
* Diagramas de processos em macro visão
* Conjunto de documentos contendo a realização estratégica da organização

Responsáveis:
* Arquiteto de Processos
* Analista de Processos

Participantes:

- Gestores de processos
- Interveniência Executiva (responsável pela visão da organização) ou equivalente.

3. Alinhar com Indicadores de Desempenho

Descrição:
Etapa que visa identificar e promover um alinhamento com os indicadores chave de desempenho (KPI) declarados na estratégia corporativa. Os KPIs são componentes fundamentais para uma análise de resultados e proposição de melhoria em processos.

Atividades:
- Consultar ou atualizar o repositório de indicadores chave de desempenho dos processos.
- Identificar os KPIs e os processos diretamente relacionados.
  A consulta ao repositório de KPIs pode demandar uma atualização dos indicadores, caso estejam desatualizados ou não tenham sido declarados anteriormente.

Técnicas utilizadas:
- Consultar documentos de Planejamento Estratégico
- Construir uma visão hierárquica de fatores-chave de sucesso (FCS)
- Realizar *workshop* de estabelecimento de FCS

Tecnologias de apoio:
- Ferramentas de editoração de texto, planilhas eletrônicas e de apresentação.
- Mapas de Visão, Missão, Valores, Estratégias e Perspectivas e FCS

Artefatos gerados:
- Mapa de Processos x KPIs

Insumos necessários:
- Mapas de Visão, Missão, Valores, Estratégias e Perspectivas e FCS

Responsáveis:
- Arquiteto de Processos

Participantes:
- Analistas de Processos
- Interveniência Executiva (responsável pela visão da organização) ou equivalente.

4. Preparar para Análise de Processos

Descrição:
O objetivo dessa etapa é preparar as áreas da organização e seus intervenientes para a fase de análise dos processos e sua modelagem.

Atividades
- Definir Patrocinador
  É necessário conseguir o apoio de alguém influente dentro da organização para ajudar a persuadir as pessoas que são resistentes ao esforço de análise e diagnóstico de processos.

- Aprovar Agenda de Entrevistas
  É necessário ter uma agenda de entrevistas contemplando as primeiras reuniões e os participantes envolvidos.

- Informar os Colaboradores
  Deve ser feito um trabalho informativo junto aos colaboradores para que estes entendam a importância da fase de análise e diagnóstico de processos e como ela afetará o seu trabalho e a organização em geral. A partir dessa ação, é possível promover o envolvimento maior dos colaboradores, pois eles passam a ter um papel mais ativo nas decisões.

Técnicas utilizadas:
- Reuniões de grupo de trabalho (Gerente de Processos, Dono de Processo e Intervenientes)

Tecnologias de apoio:
- Agenda corporativa

Artefatos gerados:
- Agenda de trabalho
- Plano de Comunicação

Insumos necessários:
- Seleção e descrição dos processos-alvo
- Entrevistas
- Reuniões

Responsáveis:
- Gerente de Processos

Participantes:
- Dono de Processo
- Arquiteto de Processos
- Analistas de Processos
- Gestores Intervenientes

FASE 2
Analisar e Diagnosticar

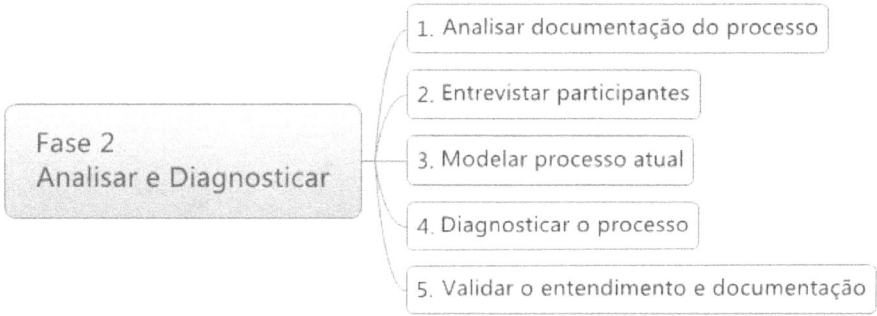

Essa fase tem como objetivos principais: descobrir, entender, representar, analisar e diagnosticar os processos da organização, sempre retratando a sua realização exatamente como acontece. É o momento de representar a realidade e diagnosticar com base na verdade operacional, não com base em lógica de realização ilusória.

Uma análise de processo eficaz produzirá informações cruciais para a evolução de ideias e proposição de melhorias. É uma fase essencial, devendo sempre preceder a fase de Projetar Melhorias (Fase 3).

São etapas definidas para a fase de analisar e diagnosticar:

1. **Analisar documentação do processo**
2. **Entrevistar participantes**
3. **Modelar processo atual**
4. **Diagnosticar o processo**
5. **Validar o entendimento e documentação**

1. Analisar Documentação do Processo

Descrição:
Essa etapa visa angariar e analisar a documentação existente sobre o processo. Ao iniciar a fase de análise de processos deve-se buscar todas as informações existentes e disponíveis, sendo a sua análise inicial um insumo importante, e que, preferencialmente, deve ser realizada antes das entrevistas com os atores do processo.

Atividades:
- Buscar Informações do Processo
- Estudar o Processo
- Analisar Diagramas e Documentos existentes

Técnicas utilizadas:
- Analisar Planejado x Realizado
- Analisar Número de Interações com o cliente
- Identificar Atividades de *Handoff* (troca de propriedade)
- Identificar Regras de Negócio Implícitas e Tácitas
- Identificar Gargalos e Variações
- Identificar Tempo de Realização de Atividades e seus Custos
- Entender a Necessidade de Pontos de Controle do Processo

Tecnologias de apoio:
- Ferramentas de Diagramação na Notação de Processos
- Ferramentas editoração de texto, planilhas eletrônicas e de apresentação
- Quadro Branco

Artefatos gerados:
- Documento contendo resultado da análise da documentação do processo

Insumos necessários:
- Diagramas do Processo
- Documentos Descritivos de Atividades

Responsáveis:

- Analistas de Processos

Participantes:

- Gestor do Processo
- Intervenientes do Processo

2. Entrevistar Participantes

Descrição:
Essa etapa visa entender o processo como ele realmente acontece no dia a dia da organização. A realização de entrevistas com múltiplos participantes do processo evita a replicação e a formalização de visões isoladas. Uma boa dinâmica deve ser objetivada para garantir a maior fluidez e alcance. As entrevistas devem ser repetidas até que se alcance uma visão e um entendimento consistente e condizente com a realidade.

Caso exista documentação atualizada sobre o processo, pode-se recorrer à análise do processo.

Atividades:
* Preparar Questionário Básico de Direcionamento - Roteiros
* Realizar Entrevistas Presenciais em Grupo
* Coletar Tempo e Custo das Atividades do novo Processo

Técnicas utilizadas:
* Além do Analista de Processos, as entrevistas podem ser realizadas com o apoio de:
* Relator – Responsável por capturar informações adicionais para compor o modelo
* Moderador – Responsável por manter o caminho da reunião
* Modelador – Responsável por diagramar o processo

Tecnologias de apoio:
* Ferramentas de Diagramação na Notação de Processos
* Ferramentas de editoração de texto, planilhas eletrônicas e de apresentação
* Quadro Branco

Artefatos gerados:
* Esboço da Descrição Inicial do Processo
* Esboço do Diagrama do Processo

Insumos necessários:

- Participantes com conhecimento suficiente sobre o processo

Responsáveis:
- Analistas de Processos

Participantes:
- Dono do Processo
- Intervenientes do Processo

3. Modelar Processo Atual

Descrição:
A etapa de modelar processo atual é uma importante atividade dentro da fase de análise e diagnóstico de processos. É a forma como será ratificado o entendimento do processo e a qualidade da informação recebida. Essa documentação deve representar unicamente a visão atual do processo e a sua forma de realização – não mais que isso.

Atividades:
- Diagramar o Processo (*As Is*)
- Documentar as Atividades do Processo
- Declarar Participantes e Responsabilidades

Técnicas utilizadas:
- Modelagem de processo com Notação BPMN
- Modelagem da Verdade (do livro "Medição de Valor de Processos para BPM")
- Descrição de Processo e Detalhamentos

Tecnologias de apoio:
- Ferramentas de Diagramação na Notação de Processos
- Ferramentas de editoração de texto, planilhas eletrônicas e de apresentação

Artefatos gerados:
- Diagrama de Processo (*As Is*)
- Documento Descritivo do Processo e Atividades

Insumos necessários:
- Entrevista dos Atores
- Análise de Documentos do Processo

Responsáveis:
- Analistas de Processos

Participantes:
- Analista de Processos
- Arquiteto de Processos
- Gestor do processo

www.GartCapote.com

4. Diagnosticar o Processo

Descrição:
A etapa de diagnosticar processos é uma das mais importantes da fase de analisar e diagnosticar (Fase 2). Sem realizar essa etapa, o trabalho do analista de processos não produzirá o resultado previsto. Seu potencial de transformação de processos será comprometido, pois, sem um diagnóstico preciso sobre os problemas e limitações existentes, a capacidade de projetar melhorias reais é consideravelmente reduzida.

Atividades:
- Calcular tempo de ciclo
- Calcular custo de atividade
- Calcular capacidade
- Verificar qualidade e conformidade
- Verificar resultado alcançado x resultados históricos x metas

Técnicas utilizadas:
- Custo de defeitos
- Tempo de Atividades
- Tempo de Processos ponta a ponta
- Capacidade Funcional Aproximada
- Custo de Atividade
- Custo de Instância do Processo (com ABC – Activity Based Costing)
- Custo Orientado por Tempo (com TDABC – Time Driven ABC)
- Custo de Inatividade
- Custo de Retrabalho

** (detalhadas no livro "Medição de Valor de Processos para BPM") **

Tecnologias de apoio:
- Ferramentas de Diagramação na Notação de Processos
- Ferramentas de editoração de texto, planilhas eletrônicas e de apresentação

Artefatos gerados:
- Documento contendo o diagnóstico do processo

Insumos necessários:
- Etapas 1, 2 e 3 da análise de processos

Responsáveis:
- Analistas de Processos

Participantes:
- Gestor de Processos
- Arquiteto de Processos

5. Validar Entendimento e Documentação

Descrição:
Essa etapa visa à formalização do término da fase de analisar e diagnosticar, bem com a ratificação do entendimento sobre o processo e sua documentação produzida. Somente após essa etapa é que devemos continuar no ciclo de vida para a melhoria de processos. Como uma boa prática da gestão de projetos, validar o entendimento e a documentação produzida é uma etapa de grande importância também para o gerenciamento de processos.

Atividades:
* Realizar apresentação de validação do entendimento e da documentação

Técnicas utilizadas:
* *Workshop*
* Reunião de Trabalho em Grupo

Tecnologias de apoio:
* Ferramentas de Diagramação na Notação de Processos
* Ferramentas de editoração de texto, planilhas eletrônicas e de apresentação

Artefatos gerados:
* Aceite formal da fase de análise de processos

Insumos necessários:
* Etapas 1, 2 e 3 da análise de processos

Responsáveis:
* Analistas de Processos

Participantes:
* Gestor de Processos
* Arquiteto de Processos
* Dono do Processo
* Intervenientes do Processo

FASE 3
Projetar Melhorias

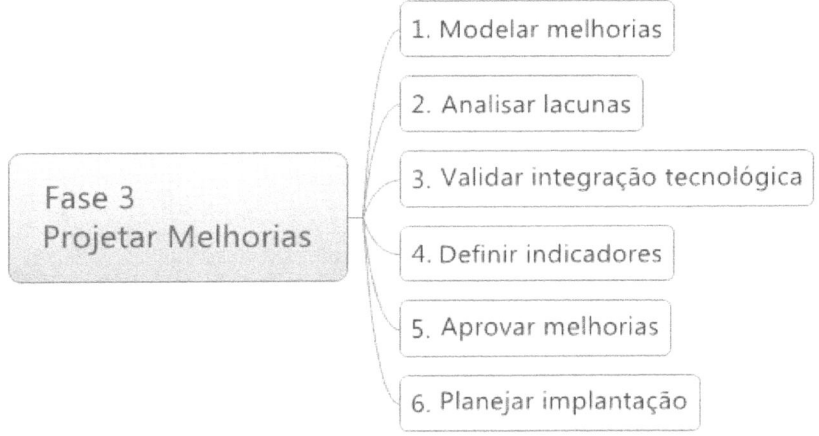

Essa fase tem como objetivo definir a decisão a ser tomada em relação aos processos identificados durante a etapa de Análise de Processos (AS-IS).

Os processos, suas principais características, deficiências etc., foram identificados em riqueza de detalhes na fase anterior, além do entendimento do seu alinhamento com os objetivos e estratégias da organização. Nesse caso, se faz necessário aplicar simulações, desenvolver um novo modelo com as melhorias previstas para o cenário identificado, dentre outros. São etapas definidas para a fase de Projetar Melhorias:

1. **Modelar melhorias**
2. **Análise de lacunas**
3. **Validar integração tecnológica**
4. **Definir indicadores**
5. **Aprovar melhorias**
6. **Planejar implantação**

1. Modelar Melhorias

Descrição:
Modelar o novo processo, ou o processo melhorado, tem por objetivo criar uma representação da nova realidade do processo, ou a sua projeção. É o estabelecimento dos conhecimentos, das modificações e da aplicação das melhorias propostas e sugeridas ao novo e melhorado processo (*To Be*).
A etapa de projetar melhorias deve garantir que o modelo projetado atenda às expectativas e necessidades da organização.

Atividades:
- Análise do Material Produzido sobre o Processo Atual (*As Is*)
- Elaboração de Material de Direcionamento para *Workshop* do Novo Processo (*To Be)*
- Realização de *Workshop* do Novo Processo (*To Be*) com equipe do Projeto
- Modelo com Refinamento do Novo Processo
- Descrever Complemento do Modelo
- Descrever Matriz de Responsabilidades

Técnicas utilizadas:
- Análise das Interações com Clientes
- Redução de Atividades de *Handoff*
- Análise de Atividades com Adição de Valor
- Análise de Padrões de Atividades e Componentização
- Análise de Regras de Negócio
- Análise de Necessidade de Conformidade (ISO, SOX, ITIL etc.)
- Paralelismo e Padrões de Melhoria de Modelos

Tecnologias de apoio:
- Ferramentas de Diagramação na Notação de Processos
- Ferramentas de editoração de texto, planilhas eletrônicas e de apresentação

Artefatos gerados:
- Modelo do Novo Processo

- Detalhamento das Atividades do Novo Processo
- Matriz de Responsabilidades Preenchida

Insumos necessários:
- Material produzido na Análise de Processos
- Atividades da Etapa de Desenho de Processos

Responsáveis:
- Gestor de Processos
- Analistas de Processos

Participantes:
- Dono do Processo
- Arquiteto de Processos
- Intervenientes do Processo

2. Analisar Lacunas

Descrição:
A análise de lacunas entre o processo atual e o novo processo pode ser muito útil para a realização de comparações e diferenciação das realidades. Uma análise de lacunas serve também como um demonstrativo de possíveis ganhos do novo processo.

Atividades:
- Coletar Tempo e Custo das Atividades do novo Processo
- Realizar simulação de execução do cenário atual (*As Is*)
- Realizar simulação de execução do novo cenário (*To Be*)
- Realizar análise comparativa de lacunas

Técnicas utilizadas:
- Simulação discreta de eventos
- Simulação do tipo Monte Carlo
- Simulação de Custos e Tempo do Processo

Tecnologias de apoio:
- Ferramentas de Simulação de Processos
- Ferramentas de planilhas eletrônicas

Artefatos gerados:
- Documento contendo a análise comparativa de lacunas entre os processos e seus resultados apresentados em simulações

Insumos necessários:
- Documentação do Processo Atual (*As Is*)
- Documentação do Novo Processo (*To Be*)
- Cenários de Simulação
- Custo das Atividades do Processo
- Tempo das Atividades do Processo

Responsáveis:

- Analistas de Processos

Participantes:

- Arquiteto de Processos
- Gestor do Processo

4. Definir Indicadores

Descrição:
A etapa de definir indicadores é crucial para a posterior gestão do novo processo. Se não for realizada, terá impacto direto na fase de monitorar continuamente. Os indicadores precisam ser definidos e aprovados pela gestão do processo.

Atividades:
- Criar cartões de desempenho ou equivalente automatizável (BAM)

Técnicas utilizadas:
- Indicadores chave de desempenho
- Definição de Métricas, Medidores, Método e Tendências

Tecnologias de apoio:
- Ferramentas de Diagramação de Processos
- Ferramentas de editoração de texto, planilhas eletrônicas e de apresentação
- Ferramentas de BPMS e BAM

Artefatos gerados:
- Documento contendo assinatura do Dono do Processo e dos Intervenientes Diretos

Insumos necessários:
- Material produzido na fase de Projetar Melhorias

Responsáveis:
- Analistas de Processos
- Gestor do Processo

Participantes:
- Interveniência Executiva
- Dono do Processo
- Intervenientes do Processo

- Gestor de Processos
- Arquiteto de Processo

5. Aprovar Melhorias

Descrição:
A etapa de aceite formal do novo processo é uma etapa que deve ser sempre respeitada e realizada, independentemente da decisão sobre adoção do novo processo. Essa etapa deve garantir que o processo foi compreendido e descrito conforme necessário. Devido sua importância, deve-se considerar sua realização na forma de evento final após a melhoria do processo.

Atividades:
- Realizar Reunião de Validação Prévia com Dono do Processo e Intervenientes
- Realizar Reunião de Validação Final com Equipe do Projeto e Interveniência Executiva

Técnicas utilizadas:
- Condução de Reunião de Trabalho e *Workshop*

Tecnologias de apoio:
- Ferramentas de Diagramação de Processos
- Ferramentas de editoração de texto, planilhas eletrônicas e de apresentação

Artefatos gerados:
- Documento contendo assinatura do Dono do Processo e dos Intervenientes Diretos

Insumos necessários:
- Material produzido na fase de Projetar Melhorias

Responsáveis:
- Analistas de Processos

Participantes:
- Interveniência Executiva
- Dono do Processo

- Intervenientes do Processo
- Gestor de Processos
- Arquiteto de Processo

6. Planejar Implantação

Descrição:
A etapa de criação do plano de implantação do novo processo é responsável pelo planejamento do projeto de desenvolvimento e operacionalização do novo processo. Essa etapa somente será realizada caso seja definido que o novo processo será implantado ou executado.

A definição de prioridade de implantação deve seguir a matriz de priorização de processos corporativos. Por sua característica intrínseca de projeto, a etapa de planejar implantação usualmente é realizada por um gerente de projeto da equipe e apoiada pela equipe de processos.

Atividades:
- Definir prioridade de implantação do processo
- Criar documento contendo plano de implantação do processo
- Aprovar plano de implantação com Dono do Processo

Técnicas utilizadas:
- Avaliação com Matriz de Priorização
- Especificação de Plano de Projeto
-

Tecnologias de apoio:
- Ferramentas de editoração de texto, planilhas eletrônicas e de apresentação
- Ferramenta de gestão de cronogramas

Artefatos gerados:
- Documento contendo Plano de Comunicação, Atividades Iniciais do Projeto, Equipe envolvida, Escopo

Insumos necessários:
- Documentos gerados na Fase de Desenho de Processos

Responsáveis:
- Gerente de Projetos
- Analista de Processos

Participantes:

- Gestor de Processos
- Arquiteto de Processos
- Dono do Processo

FASE 4
Implantar e Realizar

Essa fase tem como objetivo viabilizar a entrada em produção e a execução dos processos definidos. É a realização do modelo de processos aprovado e o seu novo fluxo de trabalho criado na fase de projetar melhorias.

A implantação de processos possui duas perspectivas distintas, ainda que complementares, sendo que a sua realização possui características específicas e relacionadas diretamente à abordagem selecionada.

Basicamente, podemos definir a implantação de processos de duas formas abrangentes, sendo:

1. **Implantação Sistêmica**
2. **Implantação Não Sistêmica**

A seguir, veremos as características de cada tipo de implantação.

Implantação Sistêmica
A implantação de processos de forma sistêmica pressupõe o uso de tecnologias especificamente desenvolvidas para a realização de atividades de processos, integração entre sistemas e dados, controle do fluxo de trabalho, distribuição de tarefas e capacidade de monitoramento em tempo de execução.
Essa forma de implantação de processos é usualmente referenciada como automatização de processos, e é igualmente comum o uso de soluções tecnológicas chamadas de BPMS – *Business Process Management Suites/Systems*. Essas soluções possuem capacidades desenvolvidas especificamente para atender ao ciclo de vida do gerenciamento de processos de negócio.

Com a adoção de ferramental específico para a automatização de processos (BPMS), podemos considerar as seguintes atividades como elementos componentes da fase de implantação de processos:

1. **Criar Protótipos de Interface**
2. **Criar Integrações**
3. **Aplicar Regras de Negócio**
4. **Preparar para Monitoria**
5. **Homologar Solução**
6. **Liberar para Produção**

O principal objetivo das etapas anteriores é criar e aprovar as atividades sistêmicas para interação humana e garantir a definição das necessidades de integração entre dados e sistemas. A seguir, veremos algumas das características comuns às etapas apresentadas acima.

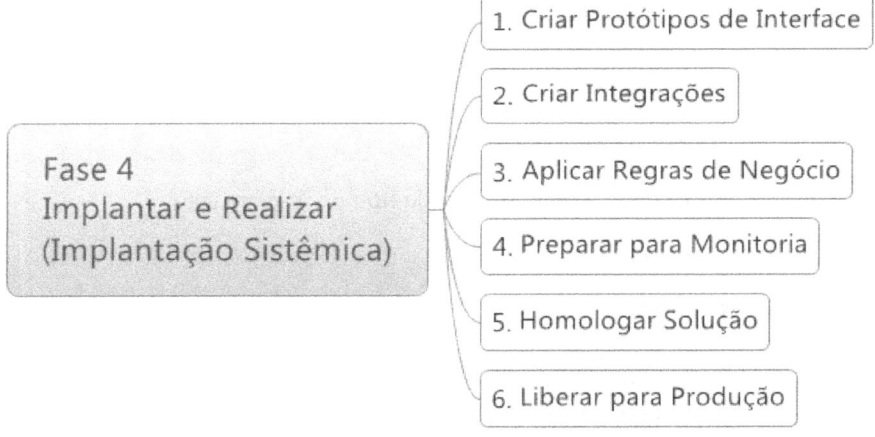

1. Criar protótipos de interface

Descrição:
A etapa de criação de protótipos de interface é, provavelmente, uma das etapas mais importante da implantação de processos com apoio sistêmico – BPMS.

A criação de protótipos ou de telas similares que precedem a produção e servem de guia para as telas que serão desenvolvidas na camada de TI é uma forma bastante prática de garantir melhor uso e composição de formulários para a realização do trabalho humano descrito no processo. Dessa forma, podemos dizer que a criação de protótipos é a melhor forma de garantir que o processo será realizado conforme descrito e aprovado.

Atualmente, é bastante comum encontrar nas ferramentas de BPMS uma camada de criação de telas de trabalho. Quando utilizamos um BPMS para essa etapa, conseguimos bastante agilidade nas definições e aprovações, pois os atores e gestores dos processos podem criar colaborativamente as interfaces, sem necessitar de muito envolvimento de especialistas em *software* nesse momento. Obviamente, dependendo da complexidade da solução e da própria tela de trabalho, precisaremos de maior ou menor participação da TI.

Atividades:
* Criação da interface primária – inicial
* Apresentação da interface primária – inicial
* Refinamento da interface primária
* Criação da interface refinada
* Apresentação da interface refinada

Técnicas utilizadas:
* Prototipação de interfaces WEB
* Estudo de usabilidade humana
* Prototipação de interfaces em BPMS

Tecnologias de apoio:
* Ferramentas de prototipação de interfaces
* Ferramenta de BPMS

Artefatos gerados:
- Protótipos de interface das telas de atividades humanas com apoio sistêmico

Insumos necessários:
- Documentos com pontos de integração
- Modelo do novo processo
- Modelo de Dados
- Fluxo da informação no processo (*Information Flow*)
- *Layout* de tela de trabalho

Responsáveis:
- Analistas de Processos
- Arquiteto de Processos
- Gerente do Processo

Participantes:
- Equipe de TI
- Dono do Processo
- Intervenientes do Processo
- Atores do Processo

2. Criar Integrações

Descrição:
A etapa de criação de integrações, no âmbito do gerenciamento de processos de negócio, trata da possibilidade de se especificar a forma como as integrações sistêmicas, apontadas ao longo do processo, deverão ocorrer. Isso quer dizer que, na prática, os pontos de integração coletados e definidos na fase de Projetar Melhoria (FASE 03) serão aplicados na camada de execução sistêmica do processo com BPMS e tratados conforme a tecnologia do produto.

Atividades:
• Criar as integrações entre Bancos de Dados e Sistemas apontados no novo processo

Técnicas utilizadas:
• Especificação e programação de integrações (EAI e SOA)

Tecnologias de apoio:
• Ferramenta de BPMS
• Bancos de Dados

Artefatos gerados:
• Arquivo contendo o modelo do novo processo com as especificações técnicas da integração

Insumos necessários:
• Documento de pontos de integração
• Diagrama do novo processo
• Acesso lógico aos dados e sistemas

Responsáveis:
• Analistas de Processos
• Especialista na Ferramenta BPMS

Participantes:
- Arquiteto de Processos – Especialista na Ferramenta BPMS
- Equipe de TI – Suporte na conexão entre os Bancos de Dados e Sistemas

3. Aplicar regras de negócio (BRE)

Descrição:
A etapa de aplicação de regras de negócio visa estabelecer, na camada de execução de processos, a lógica de utilização das informações coletadas e definidas durante a fase Projetar Melhorias.

Uma das capacidades principais das ferramentas de BPMS é a possibilidade de declaração, parametrização e gestão das regras de negócio das organizações, fazendo com que as decisões existentes no fluxo do processo respeitem e funcionem de acordo com as informações existentes nesse importante componente do sistema. Tanto os levantamentos quanto a aplicação das regras de negócio ficam a cargo do analista de processos, sendo que a definição fica por conta das áreas de negócio da organização, dos gestores e do dono do processo.

Atividades:
- Aplicar parametrização das regras na camada de gerenciamento e execução de regras de negócio

Técnicas utilizadas:
- Dependência direta da ferramenta utilizada (DTL, METADATA etc.)
- DMN para modelagem e execução das regras

Tecnologias de apoio:
- *Business Rules Engine* – Motor de Regra de Negócio
- BPMS

Artefatos gerados:
- Documento de Metadados contendo conjunto de regras de negócio

Insumos necessários:
- Regras de negócio estabelecidas durante a fase de desenho de processos

Responsáveis:
- Analistas de Processos

Participantes:

- Arquiteto de Processos
- Dono do Processo
- Gerente do Processo
- Atores do Processo

4. Preparar para Monitoria

Descrição:

A etapa de preparação para a monitoria ativa de atividades do processo, ou *Business Activity Monitoring*, retrata uma capacidade adquirida com o uso de tecnologia de apoio para execução de processos – BPMS.

A monitoria de atividades possibilita enxergar o resultado de atividades e processos durante a sua execução, tornando menos necessário o uso de análises do tipo "análise histórica" (coleta de dados após ciclo de vida do processo). Essa abordagem também diminui a necessidade de geração de relatórios de resultado de negócio, pois permite ver a sua execução na forma de indicadores de desempenho.

No caso de melhoria de processo sem uso de BPMS (ou equivalente), a etapa de preparar para monitoria busca prover o mesmo resultado, mas com uso de ferramentas menos automatizadas, tais como planilhas eletrônicas e outras abordagens manuais para medição de desempenho de processos.

Na fase de monitorar continuamente (fase cinco), teremos exemplos de fichas de indicadores e suas configurações mais comuns.

Atividades:
- Compor indicadores de desempenho no processo
- Compor medidores
- Compor painel de monitoria/controle

Técnicas utilizadas:
- *Time to Market* – Tempo de lançamento de um produto. Desde o desenvolvimento do Conceito à disponibilidade para venda
- *Lead Time* – Tempo de Duração de um processo
- *Stock Out* – Número de vezes que determinado item controlado no estoque chega a zero
- Ociosidade – % de tempo que uma máquina ou membro de uma equipe ficam parados
- Giro de Estoque – Consumo/ Saldo Médio de estoque.

Tecnologias de apoio:

- Ferramenta de Monitoramento de Atividades do Processo – Camada de BAM
- BPMS
- Bancos de Dados

Artefatos gerados:

- Painel de Monitoria/Controle (*Dashboard*)
- Medidores do Processo (*Meters*)

Insumos necessários:

- Informações e indicadores de desempenho definidos na fase 1 do ciclo de vida (Alinhar Estratégica)
- Informações sobre desempenho operacional desejado

Responsáveis:

- Analistas de Processos
- Arquiteto de Processos

Participantes:

- Dono do Processo
- Gerente do Processo

5. Homologar Solução

Descrição:
A etapa de homologação da implantação sistêmica do processo tem por objetivos validar a capacidade de realização do processo na camada de execução e avaliar o resultado produzido. No âmbito do gerenciamento de processos de negócio, a etapa de homologação pretende apoiar a equipe de TI na implantação e na realização dos testes unitários e integrados, bem como pretende validar a união prática entre a tecnologia legada, o ferramental de BPMS, a nova interface de trabalho e os atores do processo.

Atividades:
- Preparar roteiro de homologação
- Acompanhar implantação na camada de TI
- Acompanhar testes junto aos atores
- Avaliar resultados
- Produzir relatório de ajustes sugeridos durante a homologação

Técnicas utilizadas:
- Descrição (Roteiro) de testes
- Roteiro com fluxo de telas e funcionalidades
- Validação de transformação e atualização de dados
- Emulação do dia a dia com as novas telas de trabalho
- Capacitação dos atores e execução assistida de atividades

Tecnologias de apoio:
- Ferramental de execução de processos BPMS

Artefatos gerados:
- Relatório de resultado da homologação

Insumos necessários:
- Novo processo aplicado e executando na ferramenta de BPMS

Responsáveis:
- Analistas de Processos
- Arquiteto de Processos

Participantes:
- Dono do Processo
- Gerente do Processo
- Atores do Processo
- Intervenientes do Processo

6. Liberar para Produção

Descrição:
A etapa de liberação para produção assistida da nova implantação sistêmica do processo tem por objetivo acompanhar a operação do processo na camada de execução e avaliar o resultado já em ambiente real produzido. No âmbito do gerenciamento de processos de negócio, a etapa de produção pretende apoiar a equipe de TI na implantação e na monitoria do funcionamento do novo processo em ambiente de produção (ambiente final). Além disso, serve de elo entre a tecnologia, o ferramental de BPMS, a nova interface de trabalho e os atores do processo. É um apoio importante e que pode ser realizado durante um período predefinido, suportando as dúvidas sobre a realização do novo processo no ferramental e sua nova dinâmica de trabalho.

Atividades:
- Acompanhar execução do processo
- Documentar possíveis falhas operacionais para futura melhoria
- Ratificar aceite da entrada em produção

Técnicas utilizadas:
- Monitoria na camada de administração do processo e filas de trabalho
- Acompanhamento do trabalho junto aos atores do processo

Tecnologias de apoio:
- Ferramental de BPMS – Camada administrativa do portal de gestão dos processos

Artefatos gerados:
- Documento contendo resultado do período de produção assistida e aprovação formal

Insumos necessários:
- Novo processo executado em ferramenta de BPMS

Responsáveis:
- Analistas de Processos

Participantes:
- Arquiteto de Processo
- Dono do Processo
- Gerente do Processo
- Atores do Processo
- Intervenientes do Processo

Implantação Não Sistêmica

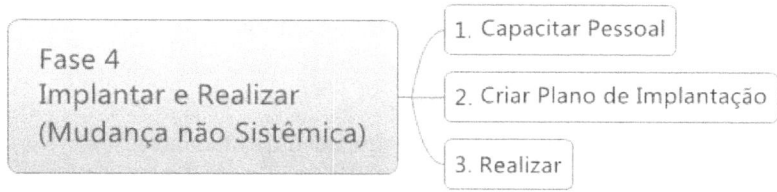

Uma implantação de processos de forma não sistêmica é a realização do modelo do novo processo aprovado, sendo retratado na forma de procedimentos, fluxos e trabalhos acordados entre os participantes do processo. A implantação não sistêmica ou implantação sem a execução de atividades do processo por meio de software específico (BPMS) – por ser altamente acoplada à responsabilidade organizacional coletiva, e dependente direta da vontade humana para sua realização – pressupõe constante e eficiente gestão de mudanças, bem como o acompanhamento do novo trabalho humano que deve ser realizado.

A implantação de processos com a perspectiva de gerenciamento de processos de negócio possui, ao menos, duas formas de mudança: a Procedural e a Transformacional, descritas a seguir:

1. **Mudanças procedurais** – relacionadas às mudanças sobre como o processo e seus procedimentos operacionais são realizados.

2. **Mudanças transformacionais** – relacionadas às mudanças em como a organização passa a tratar a gestão dos seus processos.

A implantação de processos significa transformar um modelo do novo processo aprovado em um processo operacional, que foi aceito e aprovado pelas partes envolvidas. O sucesso desse esforço depende diretamente da aceitação e do suporte continuado de toda a equipe – gestão executiva, dono do processo e executores das atividades do processo.

São atividades comuns na implantação de processos não sistêmicos:

- Revisão de objetivos, de entregáveis, de métricas e do tempo do projeto
- Avaliação de necessidade e da viabilidade de terceirização do processo
- Elaboração do Plano de Projeto de Implantação, constituído de:
    o Sequência de tarefas com datas de entrega;
    o Avaliação e gestão de riscos;
    o Recursos e Custos;
    o Definição e preparação de requisição de mudanças;
    o Plano de testes;
    o Material de treinamento no processo
    o Atividades de gestão da mudança para manter comprometimento
    o Configuração de software de versionamento de documentos
    o Testes de processos
    o Realização de treinamento
    o Lançamento do processo

Para processos de menor escala, ou impacto, uma sequência reduzida seria:

1. Explicar mudanças aos executores do processo;
2. Testar a melhoria documentada;
3. Avaliar resultado da aplicação da melhoria.

Em grandes blocos de trabalho, podemos resumir algumas das principais atividades para implantação e realização de atividades de processos não sistêmicos – realizados com mudança procedural e necessidade de intervenção humana:

- Capacitar Pessoal
- Criar Plano de Implantação
- Realizar
- Abastecer Indicadores

Veremos, a seguir, cada um desses blocos de trabalho com detalhamento.

Capacitar Pessoal

Como prática de abordagem para a implantação do novo processo, podemos utilizar abordagens clássicas e testadas pelo mercado, sendo interessante considerar a possibilidade de uso da Visão Holística de Fatores Organizacionais (McKinsey 7-S). De acordo com essa abordagem, para obter algum sucesso na gestão de mudança, a organização deve atender sete metas. São elas:

1. **Estratégia** (*Strategy*)
   Garantir que os processos de negócio forneçam valor para os clientes;

2. **Estrutura** (*Structure*)
   Garantir a interfuncionalidade do processo;

3. **Sistemas** (*Systems*)
   Estabelecimento de processos e procedimentos formais para alocação de recursos, controles, informação e sistemas de distribuição;

4. **Estilo de liderança** (*Leadership Style*)
   Promover a cultura colaborativa;

5. **Equipe de trabalho** (*Staffing*)
   Promover a abertura à mudança;

6. **Habilidades pessoais** (*Personnel Skills*)
   Treinar as interatividades;

7. **Valores compartilhados** (Shared Values)
   Promover cultura e incentivos de desempenhos.

Para apoiar os temas alvo da mudança, acima apresentados, os esforços podem ser trabalhados dentro de uma estrutura de três estágios conforme o modelo Lewin/Schein (Kurt Lewin e Edgar Schein), composto essencialmente de:

- **Descongelamento**
- **Mudança**
- **Recongelamento**

Essa abordagem também é conhecida como "Redefinição Cognitiva", detalhados a seguir.

Descongelamento

Pressupõem criar motivação e prontidão para mudança, considerando a teoria que o comportamento é definido por observação e influências culturais. Sendo assim, a etapa de descongelamento possui três estágios para sua viabilização:

• Comunicar e aceitar a informação (admissão de que algo está errado);
• Conectar a informação com as metas pessoais compromissadas e realistas (criação da ansiedade de sobrevivência);
• Evitar a insegurança psicológica e o sentimento de culpa (devido à ansiedade de aprendizado e ao desconforto de abandono do conhecido).

Mudança

Através de treinamento e reestruturação cognitiva: perceber, julgar, sentir e agir de forma diferente com base na nova perspectiva e por meio de:

• Identificação do líder, mentor ou consultor para obter outras perspectivas;
• Explorar o ambiente interno e externo para buscar informações que validem as mudanças propostas.

Recongelamento

Ajudar a integrar o novo ponto de vista e o comportamento através da:

• Adequação dos incentivos individuais a nova perspectiva e ao comportamento;
• Consistência com os novos comportamentos e a nova cultura organizacional.

A abordagem anterior é baseada no envolvimento direto dos donos e atores do processo, guiando a mudança, fornecendo treinamentos e apoiando o novo comportamento até que se torne organizacionalmente aprendido ou habitual.

Conforme podemos constatar, e de acordo com boas práticas de mercado, a gestão da mudança para implantação de processos está intimamente relacionada não apenas às práticas de gestão de mudanças e processos, mas também possui forte ligação e dependência com os conhecimentos e práticas de gestão de projetos.

Sendo assim, o Gerente de Projetos, com conhecimentos em gerenciamento de processos, é um ator de extrema importância na condução das atividades relacionadas à fase de implantação. A seguir, uma relação de fatores de risco ao sucesso da iniciativa de mudança, o problema e possíveis formas de mitigação:

Fator de Risco	Problema	Mitigação
Resistência do participante .	Falta de compromisso com mudanças.	Sucesso compartilhado.
Perda de foco	Busca por um número excessivo de mudanças de uma vez.	Estabelecer cenários práticos e realistas.
Objetivos não claros	Vender uma ideia ou prometer resultados não realistas.	Declarações claras.
Conexão não clara entre mudança de tarefa e benefícios	Menor compromisso para adotar mudanças.	Comunicação e conexão explícita entre mudança de processo, benefícios e recompensas.
Perda de orçamento	Falha na adoção, benefícios não realizados.	Entrega de benefícios o mais breve possível para manter suporte aos projetos.
Falta de familiaridade com mudanças propostas	Benefícios esperados não realizados e perda de suporte.	*Coaching* especializado para assegurar o sucesso dos processos.

Resumidamente, devemos buscar sempre o envolvimento dos atores dos processos durante a proposição de melhoria e sua análise de impacto, pois essa participação pode promover maior apropriação positiva sobre as responsabilidades e características dos processos. Capacitar pessoal começa com o envolvimento na definição da melhoria e termina com o efetivo entendimento prático sobre as condições e necessidades de realização das atividades do novo processo melhorado.

Criar Plano de Implantação

Criar um plano de implantação é descrever o planejamento realista para viabilizar a realização prática das atividades do novo e melhorado processo.

Atividades:
- Criar guia de implantação do novo processo contendo:
  a) Avaliação de ações por atividades com melhoria
  b) Recursos necessários para implantação e custos associados
  c) Indicadores do processo
  d) Quais os riscos envolvidos/identificados para **Implantação** (*Riscos imediatos para implantação)*
  e) Quais os riscos envolvidos/identificados para **Operação** (*Riscos previstos durante a nova operação)*
  f) Quais as ações necessárias para a "**mudança humana**"
     a. *Detalhamento das atividades em nível de procedimentos*
     b. *Treinamento dos atores para o novo processo*

Técnicas utilizadas:
- Descrição do Processo na forma de procedimentos complementares
- Documentos complementares

Tecnologias de apoio:
- Ferramentas de controle de atividades de projeto. Exemplo: cronogramas, bem como ferramentas para editoração de texto e planilhas eletrônicas.

Artefatos gerados:
- Guia de Implantação de projetos contendo atividades, participantes, prazos e plano de comunicação.

Insumos necessários:
- Informações das FASES anteriores

Responsáveis:
- Gerente de Processo
- Gerente de Projeto

Participantes:
- Líder do Processo
- Analistas de Processos

Realizar

Realizar as atividades é uma das etapas mais importantes do ciclo de vida. Por mais óbvio que possa parecer, nem todas as iniciativas de BPM chegam nessa etapa. Infelizmente, boa parte dos projetos/iniciativas possui foco apenas em documentação de processos. Mesmo quando o objetivo da iniciativa é implantar melhorias, poucas vezes há o devido planejamento de sua implantação, e, por isso mesmo, teremos pouca ou nenhuma capacidade de realização real.

Portanto, apesar de óbvio, entendemos como um reforço importante evidenciarmos no método GEM a etapa de "Realizar" o novo e melhorado processo.

Atividades:
- Seguir o novo modelo do processo
- Coletar dados dos resultados alcançados

Técnicas utilizadas:
- Utilização de documentação do processo
- Realização do trabalho conforme capacitação anterior

Tecnologias de apoio:
- Ferramental apontado no novo processo

Artefatos gerados:
- Documento contendo dados sobre o resultado da realização das atividades melhoradas no novo processo

Insumos necessários:
- Informações das fases anteriores
- Documentação do novo processo

Responsáveis:
- Gerente de Processo
- Gerente de Projeto

Participantes:
- Líder do Processo
- Analistas de Processos
- Atores do Processo

FASE 5
Monitorar Continuamente

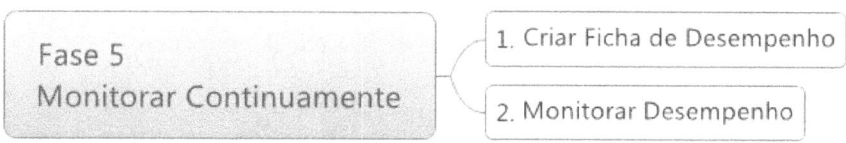

A fase de monitorar continuamente é essencial para avaliar e garantir o alinhamento dos processos com os objetivos da organização. O principal objetivo dessa fase é monitorar os indicadores aplicados no novo processo e, assim, avaliar seus resultados e decorrente alinhamento com as metas organizacionais.

Devido às diversas possibilidades sobre como abordar o gerenciamento de desempenho de processos, apresentamos a seguir métricas e medições baseadas em dimensões fundamentais, como:

1. **Tempo** – Métrica de duração do processo
2. **Custo** – Métrica de valor monetário do processo
3. **Capacidade** – Métrica de volume de produção do processo
4. **Qualidade** – Métrica de satisfação, variação ou erro do processo

Observação:
Eficiência e eficácia são consideradas como métricas essenciais para as quatro anteriores (tempo, custo, capacidade e qualidade).

Quanto à forma de monitorar, podemos realizar a monitoria de processos, basicamente, de duas maneiras:

- Com apoio de ferramentas especialistas em monitoria
- Sem o uso de ferramentas especialistas em monitoria

A forma adotada para o monitoramento depende do estabelecimento de práticas de gestão com o Dono do Processo e conforme o parque tecnológico disponível. Além dos indicadores de desempenho, também devemos monitorar e controlar os acordos de serviços internos. Para essa monitoria, podemos utilizar a mesma ficha de desempenho utilizada para avaliação do resultado do processo e passar a avaliar o resultado do trabalho dos intervenientes do processo. Essa avaliação deve garantir o acontecimento do que foi definido nos acordos de nível de serviço (SLA – *Service Leve Agreement*) e ajudar na reavaliação da capacidade dos processos. Vejamos alguns exemplos de ficha de desempenho:

KPI

Indicador-Chave de Desempenho (KPI)	Melhor Contato com Clientes Maior Valor (MCCMV)
Objetivo	Verificar se a estratégia de relacionamento com melhores clientes está sendo realizada
Perspectiva	Financeira (Scorecard)
Fórmula	MCCMV = BD P.A / Num Contatos Planejados - Num Contatos Diários Realizados na Semana
Unidade de medida	Inteiro
Casas decimais	Duas
Critério de avaliação	Definir
Desdobramento	Por Balcão
Freqüência de mensuração	Semanal (Latência)
Fonte de dados	Registro de contatos com clientes de maior valor
Quanto maior, melhor?	Sim
Faixas em relação a meta (Threshhold)	Mínimo > 60%, Médio > 70%, Ideal 90% (Dashboard)
Prazo para atendimento da meta	Junho
Plano de Ação de Quebra de Threshold	Dir. Marketing

PI

Indicador de Desempenho (PI)	Markup
Objetivo	Identifica a rentabilidade das vendas
Perspectiva	Financeira (Scorecard)
Fórmula	Mark Up= (valor da venda–custo da venda)/valor da venda *100 (Metadado)
Unidade de medida	Valor em R$
Casas decimais	Duas
Critério de avaliação	Identifica como está a margem/rentabilidade das vendas
Desdobramento	Por unidades de negócio, demográficas, geográficas e produtos
Freqüência de mensuração	Mensal (ou a critério) (Latência)
Fonte de dados	Registro de compras dos clientes
Quanto maior, melhor?	Sim
Faixas em relação a meta (Threshold)	->=80%; →50% e <80%; <= 50% (Dashboard)
Prazo para atendimento da meta	Dezembro
Plano de Ação de Quebra de Threshold	Dir. Financeiro e Marketing

* Destacaremos a seguir as etapas responsáveis pela criação e pela monitoria das fichas de indicadores de desempenho. No caso de utilização de software para monitoria (BAM), criaremos na forma de medidores automáticos (Dashboard Meters).

1. Criar Ficha de Desempenho

Descrição:
A etapa de criação de ficha de desempenho é complementar a definição dos indicadores, que pode iniciar durante a fase de Alinhar Estratégia (fase 1), ou na fase de Projetar Melhorias (fase 3).

Atividades:
- Aplicar na ficha de desempenho os indicadores definidos e suas métricas.

Técnicas utilizadas:
- Criação de Indicadores Chave de Desempenho (KPIs)
- Criação de Indicadores de Desempenho

Tecnologias de apoio:
- Ferramentas editoração de texto e planilhas eletrônicas.
- Ferramenta de BAM

Artefatos gerados:
- Ficha de desempenho detalhada
- Indicadores automatizados para medição de desempenho

Insumos necessários:
- Informações das fases 1 e 3

Responsáveis:
- Dono do Processo
- Gestor de Processos

Participantes:
- Arquiteto de Processos
- Analistas de Processos

2. Monitorar Desempenho

Descrição:
A etapa de monitoria de fichas de desempenho (ou monitorar painel de desempenho) é fundamental para a realização da monitoria ativa de processos. No caso de realização com apoio de ferramental de BPMS (BAM), essa monitoria será realizada sistemicamente, de forma automática e dinâmica.

Atividades:
- Realizar extração de dados das bases transacionais
- Conferir métricas das fichas de desempenho
- Aplicar resultado e criar painel de controle visual

Técnicas utilizadas:
- Extração de informações a partir da análise de dados (BI)
- Avaliação de Indicadores Chave de Desempenho (KPIs) e Acordos de Nível de Serviço (SLA)

Tecnologias de apoio:
- Ferramentas de editoração de texto e planilhas eletrônicas e apresentação de slides
- BPMS
- BAM

Artefatos gerados:
- Painel de Controle (*Dashboard*) contendo medidores de desempenho e seus resultados
- Painel de Gestão de Indicadores

Insumos necessários:
- Fichas de desempenho
- Base de dados transacionais
- Informações resultantes da realização das atividades do processo

Responsáveis:
- Dono do Processo
- Gestor de Processos
- Atores do Processo

Participantes:
- Analista de Processos

FASE 6
Refinar

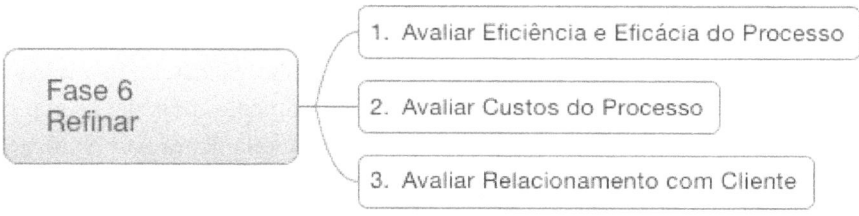

A fase de refinamento de processos deve cuidar da análise e da tomada de decisão baseada nos resultados encontrados e monitorados na fase anterior – Monitorar Continuamente. Essa é a fase responsável pela realização e criação da melhoria continuada dos processos de negócio. O refinamento de processos deve ser feito com a comparação entre os resultados apurados dos processos e as metas estabelecidas, sendo a "otimização", ou a melhoria de processos, uma consequência desse trabalho. Podemos definir que o refinamento de processos é a forma de viabilizar a transformação de processos. A transformação é uma evolução planejada de processos com base em análise e orientação aos objetivos organizacionais. Objetivamente, propomos no método GEM o uso de três perspectivas para o realinhamento dos processos organizacionais, sendo:

1. **Melhoria de Desempenho**
    O refinamento com base na melhoria de desempenho direciona o refinamento para uma avaliação da melhor forma de execução dos processos e seus resultados alcançados. É a avaliação do relacionamento entre a eficiência (forma) e a eficácia (resultado) dos processos corporativos.

2. **Custeio de Atividades**
    O refinamento com base na aplicação de custos dos recursos para a realização das atividades dos processos é um método bastante eficaz e auxilia no redirecionamento/melhor uso de recursos e da redução de custos.

3. Relacionamento com cliente

O refinamento de processos com base na capacidade de diferenciação e no relacionamento com o cliente é um importante vetor estratégico e que, seguindo a estratégia organizacional, deve sempre ser considerado no momento de proposição de mudanças em processos.

De forma geral, assim como a melhoria de desempenho, o custeio de atividades não deve ser considerado como único vetor de refinamento, pois nem sempre a redução de custos é a melhor abordagem para o relacionamento da organização com seus clientes. Da mesma forma, focar apenas na melhoria de desempenho não garante um melhor resultado estratégico.

Portanto, o refinamento de processos deve considerar ao menos os três vetores de mudança anteriormente declarados, e com base nessa análise, redirecionar os processos para uma composição harmoniosa entre a melhor operação possível, o menor custo, a maior rentabilidade e a melhor experiência do cliente.

Esse trabalho de refinamento de processos não é um trabalho trivial e deve ser feito colaborativamente com os atores e gestores envolvidos.

O realinhamento dos processos deve sempre envolver os seus donos diretos e a gestão executiva da organização, que, após realizar as devidas considerações estratégicas, deve ajudar na definição e no "peso" de cada vetor (desempenho, custo ou relacionamento) que terá maior ou menor influência no refinamento e melhoria.

No caso da execução de processos com uso de ferramental de apoio (BPMS), o refinamento dos processos pode contar com informações da execução do processo quase que em tempo real, tais como alertas e alarmes de proximidades de limites de capacidade operacional e financeira (*Threshold*). Esse tipo de insumo é de grande importância para o refinamento do processo, trazendo maior qualidade na informação recebida e permitindo maior agilidade na tomada de decisões. Finalizando essa fase, e com base no estabelecimento de pesos nos vetores de realinhamento, a fase 3 – Projetar Melhorias – pode ter (re)início. Além disso, o resultado do refinamento deve sempre ser disponibilizado para a camada executiva e alta administração, pois o alinhamento estratégico pode utilizar tais informações e promover melhor direcionamento organizacional. Dessa maneira o ciclo de vida está completo, caracterizando uma saudável constante reavaliação da realidade operacional organizacional.

A seguir, veremos ações essenciais para o refinamento de processos.

1. Avaliar Eficiência e Eficácia do Processo

Descrição:
Essa etapa deve cuidar da avaliação da forma como o processo é realizado e o respectivo resultado alcançado.

Atividades:
- Comparação do resultado de simulações realizadas durante a melhoria do processo (fase 3) com o resultado realizado e monitorado (fase 5).
- Análise do modelo do processo em execução para identificação de problemas ou pontos de melhoria evolutiva operacional.

Técnicas utilizadas:
- Refinamento de Atividades de *Handoff*
- Refinamento de Atividades com Adição de Valor
- Refinamento de Padrões de Atividades e Componentização
- Refinamento de Regras de Negócio
- Refinamento de Necessidade de Conformidade (ISO, ITIL, CMM etc.)

Tecnologias de apoio:
- Ferramentas de Diagramação na Notação de Processos
- Ferramentas de editoração de texto, planilhas eletrônicas e de apresentação

Artefatos gerados:
- Documento com resultado da avaliação de eficiência e eficácia do processo

Insumos necessários:
- Informações das fases 3 e 5

Responsáveis:
- Arquiteto de Processos
- Analistas de Processos

Participantes:

- Gestor do Processo
- Dono do Processo
- Atores do Processo

2. Avaliar Custos do Processo

Descrição:
Essa etapa deve cuidar da avaliação dos custos de cada atividade do processo e a sua composição, bem como evidenciar melhor cenário de realização com base em alocação de recursos financeiros.

Atividades:
- Refinar informação de custo das atividades do novo processo
- Avaliar custos projetados para o novo processo versus o processo em execução
- Definir possíveis reduções de custos e rearranjos de recursos

Técnicas utilizadas:
- Refinamento de custos de processo

Tecnologias de apoio:
- Ferramentas de diagramação na notação de processos
- Ferramentas de editoração de texto, planilhas eletrônicas e de apresentação

Artefatos gerados:
- Documento com resultado da avaliação de custos do processo

Insumos necessários:
- Informações das fases 1, 3 e 5

Responsáveis:
- Arquiteto de Processos
- Analistas de Processos

Participantes:
- Gestor de Processos
- Dono do Processo

3. Avaliar Relacionamento com Cliente

Descrição:
Essa etapa cuida da avaliação processual da forma como se dá o relacionamento entre a organização e seus clientes, bem como o relacionamento dos seus processos de suporte e tratamentos de exceção.

Atividades:
- Avaliar o processo e sua interação com serviços de cliente e os processos de suporte
- Avaliar o processo e sua interação com os serviços disponíveis nos pontos de contato
- Refinar possibilidades de melhorias do processo em relação ao relacionamento com cliente

Técnicas utilizadas:
- Outside-in Process Mapping
- Mapas de Experiência do Relacionamento

Tecnologias de apoio:
- Ferramentas de diagramação na notação de processos
- Ferramentas de editoração de texto, planilhas eletrônicas e de apresentação

Artefatos gerados:
- Documento com resultado da avaliação do processo e direcionamento Outside-in

Insumos necessários:
- Informações das fases 1, 3 e 5

Responsáveis:
- Dono do Processo
- Arquiteto de Processos

Participantes:

- Gestor de Processos
- Analista de Processos

The Noun Project
www.TheNounProject.com

Todos os ícones utilizados para confecção da capa/contracapa do livro, bem como nos capítulos do livro, foram criados e disponibilizados gratuitamente para *download* na página do *"The Noun Project"*.
Conforme orientação, aqui reconhecemos os créditos de criação de cada imagem.

 Created by Simple Icons

 Created by David Waschbüsch

 Created by Pete Fecteau

 Created by Demograph™

 Created by Creative Stall

 Created by DesignNex

 Created by Arthur Shlain

 Created by Endre Samson Kiss

 Created by blackspike

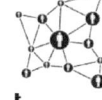 Created by Gilbert Bages

 Created by Creative Stall

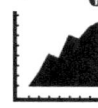 Created by Gregory Radek

 Created by Duke Innovation Co-Lab

 Created by Irene Trautluft

 Created by Joe Mortell

 Created by Korawan.M

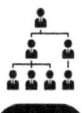 Created by Krisada

 Created by Les vieux garçons

 Created by Nicole Portantiere

 Created by Pecky

 *Created by Pete Fecteau*

 Created by Rémy Médard

 *Created by Ricardo Moreira*

 *Created by Simple Icons*

 *Created by Thomas Helbig*

 *Created by Vicons Design*

 *Created by Arthur Shlain*

Created by Arthur Lacôte

Leitura Complementar Recomendada

- BPM CBOK™, V3.0 – "Business Process Management Common Body of Knowledge", ABPMP International, 2013

- Capote, Gart – "Medição de Valor de Processos para BPM", Bookess, Createspace, 2013

- Capote, Gart – "BPM para Todos", Bookess, Createspace, 2012

- Jeston, J. & Nelis, J. – "Business Process Management – Practical Guidelines to Successful Implementations", Butterworth-Heinemann, 2007

- Smith, H. & Fingar, P. – "Business Process Management: The Third Wave", Meghan Kiffer Pr, 2006

- Parmenter, David – "Key Performance Indicators – Developing, Implementing and Using Winning KPIs", WILEY, 2008

- Silver, Bruce – "BPMN Method and Style", Cody-Cassidy, 2009

- Hubbard, Douglas – "How to Measure Anything – Finding the value of Intangibles in Business", WILEY, 2008

- Smith, Ralph – "Business Process Management and the Balanced Scorecard", WILEY, 2007

- Prahalad e Krishnan – "A nova era da Inovação", Elsevier, 2008

- Kim e Mauborgne – "A Estratégia do Oceano Azul", Campus, 2005

- Drucker, Peter F. – "As Cinco Perguntas Essenciais", Campus, 2008
- Barbara E. Bund – "The Outside-In Corporation", Mc Graw Hill, 2006

- MIT Sloan Management Review, "Creating New Markets Through Service Innovation", 2006

- University of Cambridge, "Succeeding through service innovation", 2008

- BP Group, "Successful Customers Outcomes", 2008 & "Moments of Truth", 2008

www.ingramcontent.com/pod-product-compliance
Lightning Source LLC
Chambersburg PA
CBHW051852170526
45168CB00001B/70